우리 곁에 온 부처 성철

우리 곁에 온 부처 성철

ⓒ 방현희, 2005

초판 1쇄 발행일 | 2005년 5월 2일
초판 2쇄 발행일 | 2007년 9월 14일

지은이 | 정지아
펴낸이 | 김현주
펴낸곳 | 이룸

편   집 | 윤성민
디자인 | 송소영

출판등록 | 1997년 10월 30일 제10−1502호
주소 | 121−840 서울시 마포구 서교동 395−172 상록빌딩 2층
전화 | 편집부 (02)324−2347, 영업부 (02)2648−7224
팩스 | 편집부 (02)324−2348, 영업부 (02)2654−7696
e−mail | erum9@hanmail.net
Home page | http://www.erumbooks.com

ISBN 89−5707−149−0 (44990)
        89−5707−093−1 (set)

값 7,500원

청소년
평전18

우리 곁에 온 부처 성철

방현희 지음

이룸

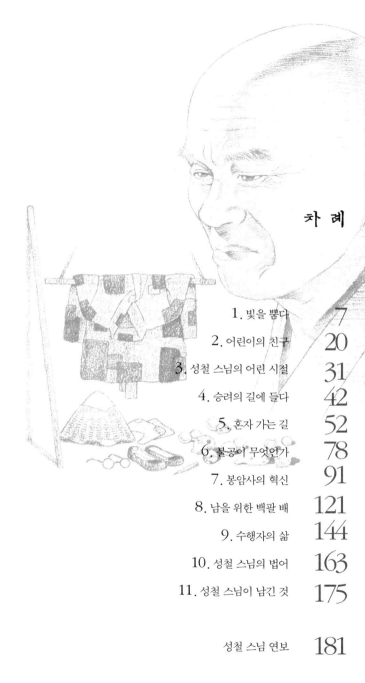

차 례

1. 빛을 뿜다

큰스님의 입적

"퇴설당에 불났다!"

성철 스님이 세상을 떠나는 날 해질 무렵, 생전에 큰스님이 머물던 퇴설당 쪽에서는 작은 소란이 일어났다. 퇴설당에 불이 났다고 소리치며 한 스님이 허둥지둥 물통을 들고 뛰어갔다. 그 소리를 들은 다른 스님들도 하필 큰스님 입적하시는 날에 이 무슨 일인가 싶어 당황해하며 뛰어갔다. 그러나 그곳에 불이 난 것은 아니었다.

잠시 뒤에 장경각 쪽에서 또다시 불이 났다는 소리가 들렸다. 하지만 장경각 역시 아무 일도 일어나지 않았다.

스님들은 자신들이 목격한 밝은 불길에 대해 이야기를 나누었다.

한 스님의 입에서 혹시 방광(放光)이 아닐까 하는 이야기가 조심스럽게 나왔다. 방광은 은은하고 밝은 빛의 기운이 드러나는 현상을 말하며, 흔히 부처님의 탱화나 석불 등에서 목격되는 신비스러운 일로 전해 내려오고 있다.

장례를 마친 다음 날 아침 8시경, 해인사에서는 또다시 스님들 모두 마당으로 뛰어나오는 일이 벌어졌다. 누군가 "백련암 쪽에 방광이다!"라고 소리친 것이다.

모두들 백련암을 바라보았다. 백련암 뒤편 촛대바위를 감싸고 밝은 오렌지색의, 구름 같기도 하고 안개 같기도 한 빛이 피어올랐다. 산등성이로 피어올랐다가 사라지고, 사라졌다가 다시 피어오르기를 몇 차례 반복하더니 빛은 서서히 엷어지며 사라졌다. 모여든 스님들은 일제히 합장을 하며 염불을 외웠다.

신도들과 스님들은 빛이 사라지자 "누구나 깨치면 무한한 능력이 있고, 영원한 생명을 가지게 된다."던 성철 스님의 말씀을 되새기며 두 손을 모아 절을 했다.

일생 동안 남녀의 무리를 속여서
하늘 넘치는 죄업은 수미산을 지나친다
산 채로 무간지옥에 떨어져서 그 한이 만 갈래나 되는데 둥근 한 수레바퀴 붉음을 내뿜으며 푸른 산에 걸렸도다.

― 〈열반송〉

1993년 11월 4일. 가야산 단풍이 절정을 이루다가 붉고 노란 잎이 하나 남김 없이 떨어지고 땅에 쌓인 낙엽들이 축축이 젖어 흙으로 돌아갈 무렵, 세상은 갑자기 숨을 죽이게 되었다. 심장이 좋지 않아 퇴설당에서 요양을 하던 성철 스님은 건강이 악화되자 "내가 너무 오래 살았나 보다. 가야 할 때가 되었다."고 했다.

밤에도 눕지 않고 앉아서 수행하는 장좌불와(長坐不臥:밤에도 눕지 않고 앉아서 수행하는 것)를 오랫동안 해온 성철 스님은 보통 사람들처럼 편안히 누워 입적하지 않고 앉아서 숨을 거두었다. 하지만 누워 있는 것보다 훨씬 편안해 보였다. 원택, 원영 두 스님에게 기대어 앉은 채 남긴 마지막 말은 "참선 잘하거라."였다. 죽는 순간까지 수행을 멈추지 않았던 스님은 떠나가면서 남은 사람들을 위해 다시 한 번 수행의 중요성을 일깨운 것이었다.

남은 사람들은 성철 스님이 생전에 남긴 말씀을 되새기며 마음 깊이 고개 숙였다.

자기를 바로 봅시다

성철 스님은 1982년 부처님 오신 날을 맞아 '자기를 바로 봅시다' 라는 법어를 펼쳤다.

"모든 생명을 부처님과 같이 존경합시다. 만법의 참모습은 둥근 햇빛보다 더 밝고 푸른 허공보다 더 깨끗하여 항상 때 묻지 않습니다. 악하다 천하다 함은 겉보기뿐, 그 참모습은 거룩한 부처님과 추호도 다름이 없어서 일체가 장엄하며 일체가 숭고합니다."

짧고 간결하지만 불교의 근본 정신이 담겨 있는 말씀이다.

자기를 바로 봅시다.

자기는 원래 구원되어 있습니다. 자기가 본래 부처입니다. 자기는 항상 행복과 영광에 넘쳐 있습니다. 극락과 천당은 꿈속의 잠꼬대입니다.

자기를 바로 봅시다.

자기는 시간과 공간을 초월하여 영원하고 무한합니다. 설사 허공이 무너지고 땅이 없어져도 자기는 항상 변함이 없습니다. 유형, 무형 할 것 없이 우주의 삼라만상이 모두 자기입니다. 그러므로 반짝이는 별, 춤추는 나비 등등이 모두 자기입니다.

자기를 바로 봅시다.

모든 진리는 자기 속에 구비되어 있습니다. 만약 자기 밖에서 진리를 구하면, 이는 바다 밖에서 물을 구함과 같습니다.

자기를 바로 봅시다.

자기는 영원하므로 종말이 없습니다. 자기를 모르는 사람은 세상의 종말을 걱정하며 두려워하며 헤매고 있습니다.

자기를 바로 봅시다.

자기는 본래 순금입니다. 욕심이 마음의 눈을 가려 순금을 잡철로 착각하고 있습니다. 나만을 위하는 생각은 버리고 힘을 다하여 남을 도웁시다. 욕심이 자취를 감추면 마음의 눈이 열려서, 순금인 자기를 바로 보게 됩니다.

자기를 바로 봅시다.

아무리 헐벗고 굶주린 상대라도 그것은 겉보기일 뿐, 본모습은 거룩하고 숭고합니다. 겉모습만 보고 불쌍히 여기면, 이는 상대를 크게 모욕하는 것입니다. 모든 상대를 존경하며 받들어 모셔야 합니다.

자기를 바로 봅시다.

현대는 물질만능에 휘말리어 자기를 상실하고 있습니다. 자기는 큰 바다와 같고 물질은 거품과 같습니다. 바다를 봐야지 거품을 따라가서는 안 됩니다.

자기를 바로 봅시다.

부처님은 이 세상을 구원하러 오신 것이 아니요, 이 세상이 본래 구원되어 있음을 가르쳐 주려고 오셨습니다. 이렇듯 크나큰 진리 속에서 살고 있는 우리는 참으로 행복합니다. 다 함께 길이길이 축복합시다.

이 '자기를 바로 봅시다'라는 법어는 뜻있는 많은 이들에게 종교를 떠나서 깊은 생각을 하게 했다. 작가 최인호 씨는 가톨릭 신자이면서도 성철 스님의 이 법어에 깊은 감명을 받았다. 그래서 최인호 씨는 당시 월간 《샘터》에 연재하던 글에서 이 법문을 인용했다. 그는 특히 끝부분의 "부처님은 이 세상을 구원하러 오신 것이 아니요, 이 세상이 본래 구원되어 있음을 가르쳐 주려고 오셨습니다."를 모든 사람이 되새기면 좋겠다고 했다.

연화대

시신을 얹은 철판 주위를 참나무 장작으로 겹겹이 뒤덮고, 그 위를 종이로 만든 연꽃으로 장식한 연화대가 준비되었다. 성철 스님은 입적하시기 오래전부터 참나무 장작을 손수 하나 둘 모아 창고에 쌓아 두었다. 큰스님 자신의 다비에 쓸 장작이었다. 자신의 마지막을 생각하며 바라보았을 나무 조각들. 그 장작을 차곡차곡 쌓아 올리면서 제자 스님들은 슬픔에 젖었다.

1993년 11월 10일, 40년 동안 누더기만 걸쳤던 성철 스님이 노란 국화꽃으로 뒤덮인 법구차(法軀車:스님의 시신을 옮기는 운구차)에 옮겨졌다. 신도들이 새옷 입으라고 지어 온 장삼(長衫:소매가 길고 넓은 스님들의 옷)을 물리치며 "나는 좋은 옷 입을 자격이 없다."고 하던 스님이 이날만큼은 누구보다 좋은 옷을 입었다. 그리고 스님이 보고 싶어 찾아온 수만의 인파를 헤치고 다비장으로 향했다.

절집에서는 가르침을 주고 떠난 큰스님들의 주검을 거두는 과정이 있는데, 이를 '태운다'는 뜻의 다비(茶毘)라 한다. 보통 속세에서는 '화장'이라고 한다. 불가에서는 '윤회'를 믿기에 죽음이란 단지 육신이라는 옷을 바꿔 입는 데 불과하다. 다른 세상에서 다른 모습으로 다시 태어난다고 믿는 것이다. 그러므로 헌옷에 불과한 육신은 아무런 미련 없이 깨끗이 태워 없애야 한다고 생각한다.

사람이 어찌나 많은지 장례 행렬은 길을 헤쳐 가야 했다. 주변 언덕, 나무 사이사이까지 사람들로 가득해 사람으로 산이 이루어진 것 같았다.

다비장 한가운데 위치한 연화대는 거대한 연꽃 봉우리였다. 많은 제자 스님들이 며칠 동안 정성을 다해 연꽃 모양의 종잇조각으로 연화대를 장식해 놓았다.

날씨는 쌀쌀했고 비가 부슬부슬 오다가 잠시 멎었다. 큰스님의 관을 연화대 안으로 밀어 넣으면서 이제 정말로 마지막이구나 하는 생각으로 스님들의 얼굴에 눈물이 흐르기 시작했다. 그리고 잠시 뒤에 거화(擧火:불방망이를 들어 불을 붙임)라는 구령에 맞추어 일제히 연화대에 불을 붙였다. 불이 붙음과 동시에 다비를 지켜보던 스님들이 일제히 외쳤다.

"스님! 집에 불 들어갑니다. 어서 나오십시오."

"스님! 집에 불 들어갑니다. 어서 나오십시오."

"스님! 집에 불 들어갑니다. 어서 나오십시오."

목이 터져라 세 번 외쳤다. 마지막으로 스님을 보내는 남은 사람들의 관행적인 외침이었다.

늦가을 비가 축축하게 내려 잿빛으로 물든 산속에 붉은 불길이 치솟았다. 불길은 장엄한 꽃이 되어 하늘로 치솟고 모여든 사람들은 모두들 흐르는 눈물을 닦으며 쉴 새 없이 염불을 외웠다.

모여든 인파는 모두 30여 만 명이었다. 성철 스님은 평생 산승은 산에 머물러야 한다며 세상에 한 발짝도 나가지 않았다. 그런데도 성철 스님이 가시는 길에 이렇게 많은 사람들이 몰려오다니, 스님이 산속에 앉아 펼친 자비심이 세상을 물들인 것 같았다.

다비식에 참석했던 시인 정호승 씨는 큰스님은 입적한 뒤에도 많은 것을 주고 있다는 사실을 알았다고 한다. 정호승 시인은 해인사 입구에서 맨 먼저 걸인을 만났다. 두 다리가 없어 허벅지에 낡은 타이어 조각을 친친 동여매고 있던 그는 해인사로 올라가는 산길 한 모퉁이에 제법 큼직한 플라스틱 바구니를 놓고 엎드려 있었다. 그런데 그 바구니 속에는 꽤 많은 돈이 모여 있었다. 그래서 시인은 걸인에게 물었다.

"오늘 돈 좀 벌었어요?"

그러자 걸인의 대답이 아주 뜻밖이었다.

"예, 우리 큰스님 덕분에 아주 많이 벌었습니다. 스님은 돌아가셔도 이렇게 많은 자비를 베푸십니다."

그의 목소리엔 힘이 있었고, 얼굴 또한 환해 보였다.

정호승 시인은 '성철 스님께서는 입적하고 난 뒤에도 두 다리가 없는 거지에게까지 저런 기쁨을 주시는구나.' 하고 생각했다고 한다. 그뿐만이 아니었다. 다비식이 시작되어 연화대에 불길이 치솟았다. 저녁어스름이 내려오기 시작하여 스님을 태우는 불길이 너무 아름답게 보였다. 시인의 곁에서 염불을 외며 손수건으로 눈물을 훔치던 한 아주머니가 눈물 젖은 손수건을 불길 속으로 휙 던졌다. 시인은 왜 눈물 닦던 손수건을 불길 속으로 던졌느냐고 아주머니에게 물었다. 그러자 그 아주머니가 대답했다.

"저는 눈물과 한이 많은 여자라서 큰스님 가시면서 앞으로는 눈물 흘리지 않도록, 그동안 내가 흘린 눈물 다 가져가시라고 손수건을 던졌어요."

시인은 그 말을 들으면서 '스님께서는 돌아가셨지만 많은 사람들의 눈물을 닦아 주시는구나.' 하는 생각을 했다고 한다.

밤이 깊어가자 늦가을 산속은 무척 추워졌다. 사람들은 자신도 모르게 불이 타고 있는 연화대 가까이 다가갔다. 시인은 다시 한 번 깨닫게 되었다고 했다.

'아! 스님께서는 자신의 몸을 태워서 나를 추위에 떨지 않게 해주시는구나.'

정호승 시인과 마찬가지로 다비식에 참석했던 수많은 사람들은 큰 스님의 자비를 느끼고 있었다.

보슬비가 내리고 어둠이 짙어 가는데 연화대 뒤편의 커다란 단풍나무도 치솟는 불길처럼 붉게 타올랐다.

어린아이의 눈처럼 맑고 영롱한 사리

다비는 이틀 동안 계속되었다. 연화대가 타는 모습을 지켜보며 밤낮으로 염불을 해 온 1,000여 명의 스님과 신도들이 지켜보는 가운데 다비식의 마지막 절차인 유골 수습이 시작되었다. 재 속에서 자그맣고 푸른 구슬이 점점이 빛을 발하고 있었다. 푸른 구슬은 스님들의 마음을 지켜보는 성철 스님의 눈 같았다. 제자 스님들은 합장을 하며 염불을 외웠다.

사리는 참된 수행과 금욕의 결과로 생겨나는 마음의 열매를 말한다. 사리는 뼈와 살, 머리카락 등 몸 전체에서 나온다. 하지만 모양과 빛깔이 여러 가지이며 성분이 무엇인지 과학적으로 밝혀지지 않았기 때문에 사리는 아직까지 신비의 대상으로 남아 있다. 그래서 사람들은 수행을 많이 한 스님들이 입적할 때면 사리에 대한 관심을 많이 보인다.

우리나라는 372년 고구려 소수림왕 때 불교가 전래된 이후 스님들의 다비식이 행해져 왔다. 이때부터 구슬 모양의 사리는 신비로운 신앙의 대상이 되었다. 또한 594년 신라 진흥왕 때 중국 양나라에서 처음 부처님 사리를 받아 흥륜사에 모셨다. 또, 선덕여왕 때는 자장율사가 당나라 문수보살로부터 부처님 사리를 얻어 통도사 금강계단에 모셨다고 한다.

성철 스님은 항상 몸과 마음을 닦고 현미밥과 콩, 솔잎 등 검소한 식생활을 하며, 수년에 걸쳐 눕지 않고 앉아서 수행하는 등 남다른 수도를 해 왔기에 사리도 분명 다를 것이라고 신도들은 기대했다. 성철 스님이 남긴 사리의 영롱한 색깔은 눈이 부실 정도로 아름답다. 그 가운데서 머리 부분에서 나온 사리는 우윳빛 광채를 띠어 신비로움을 더했다.

장례 위원회에서는 성철 스님의 몸에서 모두 110과(顆)의 사리가 나왔다고 발표했다. 과는 사리를 세는 단위이다. 이것은 지금까지 우리나라 스님들 중 가장 많이 나온 숫자이며, 전 세계에서도 부처님 다음으로 많이 나온 것이다.

사람들은 한국 불교 사상 가장 많은 사리를 남긴 성철 스님의 일생에 감동했다. 그러나 성철 스님께서 제자들이 사리를 세며 야단법석을 떠는 것을 보았다면 크게 호통을 쳤을 것이다.

"사리에 연연해서 승려를 존경하거나 실망하는 일이 없기를 바란다. 사리가 수행이 깊은 스님한테서 나오기는 한다만, 살아서 얼마나 부처님 가르침에 맞게 사는가 하는 게 중요하지, 사리가 중요한 게 아니다."

스님은 사리를 지나치게 신비화해서 정작 중요한 것을 놓치지는 않을까 염려한 것이다. 사리에 집착할 필요는 없지만, 평생의 수행과 법력의 결과로 얻어진 사리에 아무런 의미가 없다고 말할 수는 없을 것이다.

어린이처럼 천진한 노스님

"자, 이거 먹어라."

절 마당에 뜨거운 햇살이 내리꽂히고 정성들여 키우는 흰꽃등나무도 향기를 잃고 축 늘어지는 여름날, 절에 놀러 온 아이 앞에 성철 큰스님이 수박을 내밀었다. 선풍기 앞에서 선풍기 날개를 따라 같이 빙빙 돌던 아이는 수박을 덥석 집고는 고맙다는 말도 없이 허겁지겁 먹기 시작했다. 큰스님은 씨도 뱉지 않고 수박을 삼키는 아이를 물끄러미 바라보다가 볼을 꼬집었다. 아이가 영문을 모르겠다는 눈길로 스님을 노려보다가 "아양!" 하고 울음을 터뜨렸다. 스님은 뭐가 그렇게 좋

은지 웃음을 띠고 아이가 우는 모습을 한참이나 지켜보았다.

아이는 힐긋힐긋 스님을 곁눈질하며 울음을 그치지 않았다. 그러자 스님이 호주머니에서 사탕을 하나 꺼내어 아이 손에 쥐어 주었다. 아이는 사탕을 집어던지며 더 크게 울었다. 스님은 다른 호주머니를 뒤지더니 동전을 꺼내 "이거 주랴? 울음 그치면 이거 준다." 하며 장난을 쳤다. 아이는 겨우 울음을 그치고 다시 수박을 먹기 시작했다. 그러나 얼마 못 가서 큰스님의 장난기가 다시 발동했다. 그렇게 달래 놓고서 아이의 엉덩이를 꼬집은 것이다. 아이는 이제 큰스님 엉덩이를 차려고 발길질을 했다. 큰스님은 비로소 신이 나는지 아이와 씨름을 하기 시작했다.

"야, 그놈 대단하다! 야, 빨리 와 차야지. 이리 와, 이리."

스님이 아이의 장난기를 돋우었다. 아이는 있는 힘을 다해서 큰스님에게 달려들었다. 다리를 잡아당겼다가 윗도리를 잡아당기고 등에 올라타며 장난을 그치지 않았다.

큰스님은 원래 씨름을 좋아했다. 큰스님과 아주 친했던 청담 스님과는 만나기만 하면 웃통을 벗어던지고 방바닥을 뒹굴며 씨름을 했다. 체격이 남달리 커다란 두 사람이 어울리면 온 집이 흔들리는 듯 '우르릉 쿵쾅' 하며 소란해졌다. 다른 사람들이 무슨 일이 있나 궁금해서 문을 열어 볼 정도였다. 청담 스님이 먼저 입적하셨을 때 큰스님은 "이제 누구랑 레슬링을 하지." 하며 혼잣말을 했다고 한다.

큰스님은 아이들을 무척 좋아해서 같이 놀아 주고 장난도 치곤 했지만 아이들에게도 지켜야 할 점이 있었다. 큰스님을 찾아오는 손님이라면 누구를 막론하고 한 가지 원칙을 지켜야 했다. 큰스님은 자기를 만나러 오는 사람들에게 먼저 부처님 앞에 가서 삼천 번 절을 하고 오도록 했다. 그 뜻을 모르는 사람은 절하기 힘들어서 스님을 보고 싶어도 보지 못한다며 불만을 토로했지만 큰스님은 뜻을 굽히지 않았다. 중이란 부처님의 법을 전하는 사람이고 사람들이 절에 오는 것은 중을 찾아오는 게 아니라 부처님을 찾아오는 것이며 부처님을 찾아왔으면 삼천 배는 해야 한다는 게 스님의 생각이었다. 이러한 원칙은 어린아이에게도 예외가 없었다.

하루는 꼬마 친구 중 한 명이 삼천 배를 한 적이 있었다. 멋모르고 어머니를 따라온 꼬마는 큰스님이 격려하기도 했고 어머니가 워낙 신심이 두터운 터여서 이를 악물고 삼천 배를 마쳤다. 큰스님과 몸을 부딪치며 놀고 난 뒤에 삼천 배를 했으니 얼마나 힘들었겠는가. 절을 마치고 큰스님께 인사를 하러 온 꼬마 친구는 당돌하게 말했다.

"큰스님, 이제 다시는 백련암에 안 올 겁니다."

"왜 그러는데?"

"내가 앞으로 백련암에 다시 오면 개새끼예요."

"왜 그러냐고?"

"삼천 배 절하는 거 너무 힘들었어요. 백련암에는 인제 다시 안 올 겁니다."

"그래그래, 개새끼인지 아닌지 두고 보자."

딴에는 독한 소리를 마친 꼬마가 일어나 방을 나가자 큰스님은 웃으며 말했다.

"그래도 그놈 대단하지. 제 할 소리를 다 하고 가는 걸 보니."

어머니를 따라왔다가 삼천 배를 하고는 기겁하고 도망친 아이가 한둘이 아니었다. 그런데 얼마 뒤 다시는 안 온다던 그 아이가 다시 백련암에 찾아왔다. 제 입으로 뱉어 놓은 말이 있으니 그 아이는 고개를 푹 숙이고 스님과 눈을 마주치려 하지 않았다. 그것을 그냥 지나칠 스님이 아니었다.

"너, 그때 다시는 안 온다던 그 개새끼 아니냐."

아이는 고개를 더 숙였지만, 스님은 아이의 머리를 쓰다듬어 주었다. 마음속으로는 그 아이를 다시 만나 무척 반가웠던 것이다.

어린아이에게 삼천 배를 시킨 이유

큰스님은 어린아이를 만나면 누구를 막론하고 미소를 지었다. 그리고 항상 입버릇처럼 말했다. '숨김없이 저 생각나는 대로 반응하는 것이 어린애 아니냐, 그게 얼마나 좋으냐.' 며 아이들의 천진함을 마냥 좋아했다. 그렇게 아이와 놀고 난 뒤에는 이런 저런 얘기를 주고받으며 마당을 거닐곤 했다. 그때 그 아이, 삼천 배를 하고 욕을 하며 돌아간 아이가 다시 절에 왔을 때 큰스님은 아이와 어깨동무를 하고 절 마당을 거닐었다.

"절을 하면서 무슨 생각했냐?"

스님이 아이의 어깨를 쓰다듬으며 물었다. 아이는 다리 아파 죽겠다는 생각밖에 안 들더라고 대답했다.

"절에 무엇 하러 오느냐. 불공 드리러 오지?"

아이는 보일 듯 말 듯 고개를 끄덕였다.

"내가 다리 아파 죽겠다는 생각만 하게 절을 시켰겠느냐. 아무 생각 없이 절하지 말고 절을 하는 것부터가 남을 위해 절을 하는 것이 되어야 한단다."

큰스님은 아이에게 불공이란 남을 도와주는 것이 참된 것이라고 말했다. 길가에 병들어 죽어 가는 강아지가 배가 고파 울 때 식은 밥 한 덩이를 그 강아지에게 주는 것이 부처님께 만반진수(滿盤珍羞:소반에 가득한 맛있는 반찬)를 차려 놓고 수천만 번 절하는 것보다 훨씬 공이 크다는 것을 말해 주었다. 그리고 더 중요한 것은 남을 위해 좋은 일을 해 놓고 자랑하지 않는 것이라고 말했다.

"미국의 보이스라는 사람이 영국의 런던에 가서 어느 집을 찾는데, 안개가 심해 도저히 찾을 수가 없었단다. 그래서 이곳저곳을 헤매고 있는데 열두어 살 되는 소년이 나타나 물었단다. '선생님, 누굴 찾으십니까?' 그는 자기가 처한 사정을 말했지. 그러자 아이가 그 집을 안다며 골목길을 돌고 돌아 안내해 주었어. 하도 고마워서 사례금을 주었더니 그 소년은 사양하며 결코 받지 않았단다. 그리고 아무리 물어도 이름도 가르쳐 주지 않았지. 오히려 소년은 '제게는 선생님이 참으로 고맙습니다. 저는 소년 단원 회원인데, 우리 회원은 하루 한 가지씩 남을 도와주어야 합니다. 오늘 저는 선생님을 도와드릴 수 있었으니 오히려 제가 감사드리겠습니다.' 하고는 달아나 버렸다는 거야. 보이스라는 사람은 그 일에 깊이 감동하였고, 미국에 돌아와서 보이 스카우트라는 소년단을 조직했단다."

꼬마 친구는 그제야 큰스님을 올려다보며 웃었다. 자신에게 그토록 힘든 삼천 배를 시킨 뜻을 비로소 알 것 같았기 때문이다.

큰스님은 마지막으로 부처님 얘기를 해주었다.

"아주 먼 옛날 부처님께서는 배고픈 호랑이에게 몸을 잡아먹히셨지. 이 이야기가 무엇을 뜻하는지 알겠느냐. 배고픈 호랑이를 위해 몸을 주었다는 의미도 있지만, 더 큰 욕심을 버리라는 뜻이란다. 물거품 같은 몸뚱이 하나 턱 버리면 그와 동시에 모든 욕심에서 벗어나게 되지. 다리가 아파도 삼천 배, 만 배 절을 하는 이유가 다 몸뚱이를 위하는 욕심에서 벗어나자는 뜻이란다."

꼬마 친구는 알다가도 모를 것 같았다. 사람을 도와주는 것은 이해할 수 있지만, 제 몸뚱이를 버리라니? 다시 고개를 갸우뚱하며 마당가의 백작약을 바라보았다. 큰스님이 잘 돌봐 준 덕분인지 넓은 이파리가 뜨거운 햇살 아래 소담스럽게 피어 있었다.

천진함을 좋아한 스님

경상남도 합천 가야산에는 해인사라는 큰절이 있다. 큰절에 딸린 조그만 절을 암자라고 부른다. 해인사에는 여러 개의 암자가 딸려 있다. 그중의 하나가 백련암이다. 해발 850m의 가야산 중턱에 단청을 칠하지 않아 소박한 연꽃이 피어 있는 것처럼 앉아 있는 백련암은 400여 년 전에 소암 스님이라는 분이 지은 작은 암자이다.

소나무 숲이 울창하게 우거져 한여름에도 소슬한 바람이 불어오는 산길을 따라 가파른 오르막길을 한참 올라가야 하는 작은 절. 성철 스님은 백련암을 오르내리면서 자주 이렇게 읊었다.

건너다보면 푸른 산이요
쳐다보면 흰 구름

성철 스님은 이렇게 자연 속에 푹 파묻힌 작은 암자에서 오랜 시간을 보냈다. 스님이 큰절에 머무는 법이 없이 토굴이나 조그만 암자를 찾아다닌 것은 사람이 많이 모이는 곳이나 번잡한 세상살이 가운데서는 수행을 하기 힘들기 때문이었다.

맑은 풍경 소리를 따라 오솔길을 걸어 일주문에 들어서면 대나무 비로 쓸어 놓은 말끔한 마당 가운데에서 큰스님이 금방이라도 뒤를 돌아보며 웃으실 것 같다. 눈가에 잡힌 주름살과 항상 웃음을 띤 듯 입매가 올라간 스님의 얼굴을 보면 그 매서운 불호령과 호통을 치실 분 같아 보이지 않는다. 그러나 어린이와 동물처럼 매사가 분명하고 천진하지 않으면 성철 스님의 입에선 불호령이 떨어지곤 했다.

산사 생활은 간단명료하다. 새벽 예불을 시작으로 꽉 짜인 하루 일과가 정해져 있다. 성철 스님은 산사 생활처럼 모든 일상사가 간단명료하기를 원했다.

성철 스님은 새벽 예불 때 백팔 번 절을 하고, 마른 수건으로 몸을 문지르고 스님이 개발한 체조를 한차례 한 다음 산길을 따라 산책하는 정도로 건강을 돌본 뒤에는 하루 종일 수행을 하는 아주 간소한 생활을 했다.

암자에는 큰스님 외에 대체로 몇 명의 스님들이 함께 생활을 하는데, 절 살림을 책임지는 원주 스님이 있고 노스님을 봉양하는 시자(侍者)가 있고 승려가 되어 수행을 시작한 행자(行者)들이 있다.

성철 스님은 절 살림에 대해서 일일이 신경 쓰는 편이 아니었다. 그러나 여러 사람이 함께 지내다 보면 가끔 문제가 일어나게 마련이다. 그래서 절에서 일어나는 일에 대해서는 자세히 알지 못하는 일이 있으면 들어온 지 얼마 안 되는 어린 행자에게 묻곤 했다.

큰스님은 금방 절에 들어와 아무것도 모르는 행자들의 말이 제일 믿을 만하다고 생각하고 있었던 것이다. 행자들이야 아무 영문도 모르니 보이는 대로, 듣는 대로, 느끼는 대로 말할 뿐이다. 큰스님은 이런 행자들의 말과 스님들의 말이 다르면 스님들이 좋은 의도든 나쁜 의도든 꾸며서 말한다고 생각하고 크게 야단치곤 했다. 어린아이들처럼 천진하여 꾸밈없는 모습을 좋아했기 때문이다. 어린이들은 좋으면 좋다, 싫으면 싫다, 더우면 덥다, 추우면 춥다고 솔직하게 말한다. 성철 스님이 어린이들을 좋아했던 이유는 그들이 꾸미지 않기 때문이었다.

성철 스님의 이러한 면모를 보여주는 일화가 하나 있다.

어느 날, 큰스님과 원택 스님이 뒷산을 올랐다. 마침 새끼 다람쥐 한

마리가 나타나 이리저리 쫓아다니며 먹을 것을 찾는지 숲 속을 뒤지고 있었다. 큰스님은 걸음을 멈추고 바위에 걸터앉았다.

"저놈 재롱 한번 보고 가자."

잠시 새끼 다람쥐를 지켜보던 큰스님은 갑자기 작은 돌을 찾아 새끼 다람쥐의 머리를 맞혀 보라고 했다. 영문도 모르고 원택 스님은 작은 돌을 하나 다람쥐 쪽으로 던졌다. 그런데 다람쥐는 도망가기는커녕 작은 돌을 도토리로 알았는지 쫓아와 입으로 물었다가 굴렸다가 하며 난리였다. 그런 모습을 보던 큰스님이 말했다.

"저 죽으라고 던진 돌인 줄도 모르고 저렇게 저한테 주는 먹이라고 달려드는 저 새끼 다람쥐가 얼마나 천진하냐. 좀 있어 봐라. 저 천진한 놈도 나중에 크면 사람 기척만 들어도 나 죽는다고 달아날 테니!"

큰스님은 다람쥐마저도 세상사에 닳지 않은 천진함을 잃지 않기를 원했으며, 꾸밈없는 어린 그대로의 모습을 좋아했다.

3. 성철 스님의 어린 시절

고집 센 아이

지금의 대진간 고속도로를 타고 가다가 경남 산청군에 이르면 오른편에 아주 넓고도 깨끗한 경호강이 나온다. 더운 여름날, 자갈과 모래가 적당히 섞인 모래톱에 앉아 다리를 담그고 있다 보면 흐르는 맑은물에 세상에서의 구차한 일들이 씻겨져 내려가는 것만 같다. 서쪽으로는 지리산 자락이 겹겹이 보이고 진주 남강의 지류인 경호강이 고요히흐르는 작은 마을. 성철 스님은 바로 그곳, 경상남도 산청군 단성면 묵곡리에서 나고 자랐다. 아버지 이상언, 어머니 강상봉 사이에서 장남으로 태어났다. 출가(出家) 전 어린 시절의 이름은 이영주였다.

성철 스님이 출가하신 시절에는 대부분 가난하고 끼니를 잇기도 어려운 집안에서 절집에 몸을 의탁하는 경우가 많았다. 그러나 성철 스님은 지리산 자락 인근에선 제법 큰 부잣집 맏아들로 태어났다. 앞으로 경호강을 바라보며 대나무 숲을 끼고 있는 생가 일대에선 온갖 수확이 많았다고 한다. 그래서인지 성철 스님이 들려주는 어린 시절 이야기에는 넉넉한 살림이 엿보이곤 했다.

성철 스님은 제자들의 안마를 받으며 기분이 좋아지면 어린 시절 얘기를 해 주곤 하셨다.

"내가 옛날 우리 동네 얘기를 해줄게. 우리 동네에 어린 아이가 하나 있었는데, 고집이 어찌나 센지 하고 싶은 일은 꼭 해야 했지. 그런데 자기가 하고 싶은 일에는 돈이 필요했던 거라. 그래서 돈이 필요할 때면 자기 집 대문 앞에서 자기 아버지 이름을 막 부르는 거라. '누구야, 누구야.' 하면서 아버지 이름을 막 부르면 온 동네가 창피하니까 어머니가 얼른 나와서 돈을 쥐어 주는 거지. 그러면 그 돈 받아가지고 얼른 다른 데로 가버리고 말았어. 집에 들어오면 어머니가 아무리 야단쳐도 소용없었던 거야. 놀러 다니다가 다시 돈이 필요하면 또 자기 집 대문 앞에서 아버지 이름을 막 불러대는 거지."

얘기하는 큰스님도 재미있어하고 제자들은 '그놈 참, 배짱도 두둑하지.' 하며 웃었다. 제자들은 그저 '큰스님 살던 동네에 괴짜 아이가 하나 있었구나.' 하는 정도로만 생각했던 것이다. 그런데 어느 날, 일타 스님(전 원로의원 및 은해사 조실)이 와서 그 악동이 바로 성철 스님이었다고 말해서야 제자들은 어린 시절부터 마음먹은 것은 꼭 해내고야 마는 스님의 성정을 알게 되었다. 사람들은 그 성품이 일제 시대 창씨개명을 거부하고 꼿꼿하게 버틴 부친의 영향을 받았다고도 말했다.

이영주는 1920년 아홉 살에 고향에서 진주 고등 보통학교에 입학하였다. 고등 보통학교는 지금의 초등학교 격으로 옛날에 있었던 학교 제도이다. 당시에는 제 나이에 학교 가는 아이들이 거의 없었고, 양반집 자식들은 학교에 잘 보내지 않았을 때였다. 주로 마름살이나 종살이하는 사람들이 다 자란 아이를 어렵사리 학교에 보낸 탓에 동급생들은 대부분 스무 살 전후였다.

이영주는 보통학교에 입학하기 전에 이미 동네 서당에서 한문을 깨우쳤다. 큰스님의 어린 시절 얘기를 많이 알고 있는 일타 스님에 따르면 성철 스님은 어려서부터 책을 좋아했다고 한다.

"너희 큰스님은 어릴 때 온 동네를 시끄럽게 한 적이 가끔 있었는데, 책 때문에 그런 적이 많았던 거였다. 한문을 일찍 깨쳐서 어려서 소설 《삼국지》를 한문으로 읽었는데, 하루는 적벽대전 장면이 어찌나 재미있었던지 학교에서 돌아오다가 그냥 나무 그늘에 주저앉아 버렸지. 집에 갈 생각도 않고 책에 빠져 있는데 해가 저물고 말았어. 집안 식구들이 아이를 찾는다고 온 동네를 뒤지고 다니며 야단법석을 피웠다고 하더라."

성철 스님의 공식 학력은 고등 보통학교 졸업이 전부다. 건강이 좋지 않아서 상급 학교에 진학할 수 없었다고 한다. 그러나 평생 스스로 여러 분야의 책을 찾아 읽어 그 지식의 넓이와 깊이를 가늠하기 어려웠다고 한다.

스님이 태어나고 살았던 집은 오래전에 무너지고 잡풀만 무성했다. 무너지다 만 흙담과 아궁이의 그을음이 묻어 있는 돌만 몇 개 남아 있는 그 터를 큰스님을 공경했던 많은 사람들이 찾아왔다. 그리고 그 허무한 집터를 바라보며 스님을 그리워했다. 사람들은 텅 빈 집터에서 스님이 드나들었던 대문간이며, 책을 읽느라 하루 종일 방문 한 번 여닫은 적 없다는 집을 떠올려보곤 했다.

세계 대부분의 나라에서는 독립 운동가나 좋은 글을 남긴 작가, 훌륭한 미술품을 남긴 화가 등 조국의 이름을 드높인 사람들의 어린 시절을 보낸 집을 복원하여 후대의 사람들에게 개방하고 있다. 우리나라도 마찬가지여서 국민들로부터 추앙받는 사람의 집을 복원하고 있다.

그래서 여러 스님들이 모여 성철 스님을 일반 대중이 가까이서 느낄 수 있는 방법을 찾다가 성철 스님의 생가 터에 기념관을 짓기로 했다. 그리고 성철 스님은 특별히 수행하던 스님이었으므로 생가터 옆에 겁외사(劫外寺)라는 이름으로 절을 창건하여 찾아오는 사람들을 맞고 있다.

영원에서 영원으로

이영주는 어려서 한문을 익혔고 고등 보통학교에서는 일본어를 배웠다. 글에 관한 기초가 잘 다져진 셈이었다. 게다가 책 읽기를 좋아해 동서고금의 이름난 책들을 혼자서 열심히 읽었다.

세상 만물의 이치가 궁금했던 이영주가 마음을 바칠 학문을 찾아다닌 것은 청년기에 읽은 책들을 기록해 놓은 《서적기(書籍記)》에 잘 나타나 있다. 이 《서적기》는 1932년 12월 2일 작성한 것으로 되어 있는데, 그의 나이 스무 살이었으니 적어도 스무 살 이전에 읽은 책들의 목록인 셈이다. 《순수이성비판》, 《실천이성비판》을 비롯하여 《남화경》, 《소학》, 《대학》 등의 서적 이름이 적혀 있다. 그는 동양의 《사서삼경》과 같은 고전과 서양의 철학 서적, 기독교의 성서들까지 구할 수 있는 책이면 모두 구해 읽었던 것이다.

그 당시 부잣집 자녀들은 일본 유학을 다녀오곤 했는데, 일본 유학생들이 고향에 돌아오면 책 구경을 하러 일부러 그들을 찾아가기도 했다. 그리고 보지 못했던 책이 있으면 쌀가마를 지고 가 책을 샀다고 한다. 그것으로도 모자라 일본 도쿄로 건너가 여러 유학생 학자들과 만나고 도서관을 뒤지며 책을 읽다가 고향으로 돌아온 적도 있었다. 그렇게 쌀 한 가마를 주고 산 책이 《순수이성비판》이었다고 한다.

청년 이영주가 읽던 책의 여백에는 낙서가 간혹 눈에 띄는데 '영원에서 영원으로' 라는 말이 있다. 영원의 문제는 청년 시절의 이영주를 붙잡고 있던 화두였던 것이다. 이렇게 진리를 찾고자 하는 그의 끝없는 열정에도 불구하고 세속 학문에서는 길을 찾지 못했다.

당시는 조선 시대의 '숭유억불' 정책의 영향으로 일반인들은 불교에 관한 서적을 접할 기회가 많지 않았다. 그러나 이영주는 어려서부터 몸이 허약해 몸조리를 하러 다닌 대원사에서 오산 스님과 만나 오랜 시간을 얘기하면서 차츰 불교에 관심을 갖게 되었다. 모스크바에서 공부를 하고 돌아온 오산 스님도 청년 이영주의 풍부한 지식과 생에 대한 끝없는 호기심에 감탄했다. 그 즈음 읽게 된 불교 잡지에 깨달음에 관한 글이 있었다. 깨닫는 방법 중 하나가 화두를 들고 참선하는 것이라는 걸 알게 된 이영주는 참선에 대해 커다란 관심을 가지게 되었다. 그러나 그 방법에 관해서는 아무도 가르쳐 주지 않아 결국 혼자서 깨달아야 한다고 결심하게 된다.

그는 물을 건너 깊은 산으로 들어갔다. 지리산의 높은 봉우리들로 겹겹이 에워싸인 산속의 대원사로 근원적인 문제를 해결하러 최초의 길을 떠났다.

대원사에서 며칠을 쉬던 이영주는 어느 날 큰 방에 들어갔다. 정갈하게 비어 있는 방 안을 둘러보던 그는 우연히 선반 위에 놓여 있는 책 한 권을 보게 되었다. 오랫동안 사람의 손길이 닿지 않은 그 책은 먼지에 뒤덮여 누군가의 손길을 기다리고 있었다. 그는 호기심에 책을 가지고 나와 먼지를 털었다. 표지에 '서장(書狀)'이라고 쓰여 있었다. 《서장》은 중국 대혜 스님이 일반인들에게 참선하는 이유와 방법 등을 편지 형식으로 설명한 글을 모은 책이다. 첫 장을 펼쳐 든 그는 마음속 가득 쌓여 있던 먼지가 일시에 털려나가는 것 같았다. 이영주의 가슴은 말할 수 없는 흥분으로 떨렸다.

"세상에 이런 가르침이 있다니……."

가슴속으로 품어 왔던 수많은 호기심과 의문이 일시에 풀리는 듯했다. 그때부터 그는 불교 서적들을 찾아 읽기 시작했다. 특히 606년에 죽은 중국의 승찬 스님이 지은 《신심명》과 당나라의 현각 스님이 지은 《증도가(證道歌)》(선종의 깨달음을 7언의 운문 형식으로 읊은 책)를 읽고는 지금까지 세속의 학문을 통해 접했던 진리와는 전혀 다른 정신 세계가 있다는 사실을 뼈저리게 느꼈다.

특히 '배움이 끊겨진 하릴없는 도인은 망상도 없애지 않고 참됨도 구하지 않는다.'는 《증도가》의 구절은 청년 이영주에게 가슴에 와 박히는 깨달음을 주었다.

성철 스님은 훗날 이렇게 말했다.

"젊어서는 다독주의였어. 관심이 많아 이런저런 책들을 보기는 많이 봤는데, 처음 볼 때는 뭔가 있나 하다가 곧 싫증을 내곤 했지. 그래서 어떤 분야의 학문에 크게 마음을 못 붙였어. 그러다가 불교의 《증도가》를 얻어 봤는데 캄캄한 밤길에 횃불을 만난 것 같고 밤중에 해가 뜨는 것 같았지. 내 갈 길이 환히 비치는 것 같더란 말이야. 그래서 출가하기 전에는《증도가》를 많이 외웠지."

그는 이 두 책을 거의 외우다시피 했다. 이영주의 이런 모습을 본 오산 스님은 크게 놀랐다. 그리고 그가 불교와 인연이 있음을 알고 스님이 될 것을 권했다. 그러나 그는 쉽게 대답하지 못했다. 산에 들기 전 덕산 남산골에 사는 처녀와 결혼을 한 이영주는 오산 스님의 권유를 받아들일 수가 없었다.

이영주는 속인의 몸으로 대원사에서 42일 만에 동정일여(動靜一如: 깨어 있을 때나 잠이 들었을 때나 한결같이 화두를 들고 있는 상태)의 경지에 오르자 당시 용성 스님(1864~1940, 민족 대표 33인 중 한 분)과 만공 스님(1871~1946, 근대 선불교의 대가) 등 훌륭한 스님들이 몸을 담고 있던 해인사로 가기로 마음먹었다. 그러나 한동안 망설이다가 해인사를 찾았을 무렵에는 선승들이 이미 그곳을 떠나고 없었다. 당시 주지로 있던 고경 스님이 이영주의 뜻을 알아차리고 아직 속인의 신분인 그를 받아 주었다. 이영주는 다른 스님들의 반대를 무릅쓰고 선방에 들어앉아 참선 정진을 하게 되었다.

해인사 선방에서 참선을 시작한 지 얼마 지나지 않아 백련암에 머물던 동산 스님이 본사인 해인사로 내려온 일이 있었다. 해인사를 찾는 노승들을 만나면 참선하면서 궁금했던 점을 물어 보던 이영주는 동산 스님에게도 이것저것 물어 보았다. 그러나 동산 스님은 대답도 하지 않고 빙그레 웃기만 했다.

"한번 놀러 오소."

다만 그 말 한마디 남긴 것이 전부였다.

웬일인지 노승의 웃는 모습이 좋아 보였던 이영주는 자기도 모르게 백련암에 올라갔다. 동산 스님은 사람을 꿰뚫어보는 듯한 눈매를 가진 이영주를 무척 반갑게 맞아 주었다.

"그래, 너 이제 그만 중 돼라."

동산 스님은 다짜고짜 이영주에게 말했다. 젊어서부터 고집이 대단했던 이영주는 그때까지 승려가 되지 않겠다던 결심을 그만 무너뜨리게 되었다.

"내 참, 중은 영 안 되려고 했는데, 그 노장 스님을 가만히 보니까, 마음이 편해지는 게 이상한 일이더란 말이야."

사람의 일이란 사람의 힘만으로는 되지 않는 법이었다.

동산 스님은 속인의 신분인 이영주에게 퇴설당 안에 자리를 마련해 주었다. 그리고 머리를 깎지 않은 채 스님들과 함께 면벽좌선(壁坐禪: 잡념이 들지 않게 벽을 바라보며 참선 수행하는 것)에 들었다. 지금도 남아 있는 사진 한 장에서 머리를 파랗게 깎은 승려들 곁에 검은 머리의 한 처사(處士: 남자 신도를 일컫는 말)가 벽을 향하고 허리를 곧추 세운 채 좌선에 들어가 있는 모습을 볼 수 있다.

해인사에서 결제(結制: 승려들이 안거(安居)를 맺는 일. 승려들은 안거라

고 하여 일정 기간 동안 외출을 하지 않고 한데 모여 수행을 하는데, 하안거 (夏安居)의 첫날인 음력 4월 16일과 동안거(冬安居)가 시작되는 음력 10월 16일에 행하는 의식)가 시작되는 날, 동산 스님의 설법이 시작되었다.

여기 길이 있다
아무도 그 비결을 말해 주지 않는다
그대 스스로 문을 열고 가기까지는
그러나 여기에 문이 없다
마침내 길 자체도 없다.

동산 스님의 설법에 깨달은 바가 있던 청년 이영주는 머리를 깎고 계를 받게 된다.

이렇게 해서 성철 스님이 된 그는 참선을 하며 구름과 물이 흐르듯 정처 없이 떠도는 삶, 즉 운수납자(雲水衲子:누더기 옷을 입고 구름처럼 흘러 다니는 수행승)의 길을 떠났다. 그의 나이 스물다섯 살인 1936년의 일이었다.

4. 승려의 길에 들다

하늘 넘친 큰 일들은 붉은 화롯불에 한 점의 눈송이요
바다를 덮는 큰 기틀이라도 밝은 햇볕에 한 방울 이슬일세
그 누가 잠깐의 꿈 속 세상에 꿈을 꾸며 살다가 죽어가랴
만고의 진리를 향해 초연히 나 홀로 걸어가노라.

성철 스님이 출가하면서 자신의 심경을 노래한 '출가시'이다. 대부분의 스님들은 승려로서의 계를 받으면 출가시를 읊는다. 이 시에서 득도의 길로 나서는 장부의 호연한 기품이 느껴진다.

성철 스님은 출가하기 전에 대원사에서 참선을 시작했다. 불교에서

말하는 참선과 득도에 대한 끝없는 갈망으로 청년 이영주는 용맹정진을 했다. 참선이란 선을 근본으로 하는 선불교에서 깨달음을 얻고자 화두를 들고 수행하는 것을 말한다. 그리고 화두란 선을 수행하는 스승과 제자 사이에 주고받은 문답 가운데 하나를 말한다. 스승이 제자에게 참선 공부거리로 던지는 '문제'라고 할 수 있다.

스승이 던진 화두 거리를 들고 참선하다가 그 물음의 답을 얻는 것이 깨달음인데, 흔히 이런 깨달음을 얻는 것을 '화두를 타파한다'고 한다. 문제는 《팔만대장경》을 다 뒤져도 그 안에 화두에 대한 정답이 없다는 것이다. 오로지 의문에 의문을 거듭하여 마침내 스스로 그 뜻을 깨우치게 되고, 그 뜻을 분명하고 깊이 있게 깨치면 견성성불(見性成佛:본성을 바로 보아 깨달음을 얻음)해 부처가 되는 것이다.

많은 스님들이 이 화두를 들고 깨우치기 위해 사람이 드나들지 않는 고요한 절 뒷방에서 참선을 한다. 화두를 타파하기까지는 많은 단계가 있는데, 그중 하나의 방법이 용맹정진이다. 용맹정진(勇猛精進)이란 하루 24시간 자지 않고 허리를 방바닥에 눕히지 않은 채 끼니 때를 제외하곤 꼿꼿이 좌복(스님들이 앉는 방석) 위에 앉아 참선하는 것을 말한다. 누구의 가르침도 없이 사람들이 가고 오는 것도 모른 채 밤낮으로 열심히 정진만 하는 것이다.

참선이란 무엇인가

이영주가 대원사에서 참선을 시작하던 때만 해도 지리산에 호랑이가 나타나 사람을 해친다는 소문이 자자했다. 이영주도 처음에는 호랑이 밥이 될까 봐 밤에는 나가지도 못하고 문을 꼭꼭 걸어 잠근 채 정진했다. 그러다가 어느 날 갑자기 '내가 뭐에 이리 겁을 먹는고' 하는 생각이 들었다고 한다. 가만히 생각해 보니 언제 나타날지도 모르는 호랑이를 겁내 떨고 있는 자신의 모습이 우습게 느껴졌다. 호랑이에게 잡아먹힐 때 먹히더라도 겁내지 말아야겠다 싶어 그 뒤부터는 방문을 활짝 열어 놓고 잤다. 그렇게 하루, 이틀, 사흘이 지나도 아무런 일이 일어나지 않았다. 그 다음부터는 아예 호랑이를 무서워하지 않게 되었다고 한다.

청년 이영주는 그렇게 한번 결심하면 미루거나 도중에 멈추는 일 없이 그대로 실행하는 성격이었다. 그런 태산 같은 의지로 용맹정진을 거듭했으니 보통 사람보다 먼저 깨달음의 경지에 다다를 수 있었던 것이다.

이영주는 그렇게 화두를 들고 참선을 시작한 지 42일 만에 동정일여(動靜一如)가 되었다. 참선을 하는 데는 여러 단계가 있는데 동정일여가 그중 첫 번째 단계이다.

동정일여란 오나 가나, 앉으나 서나, 말할 때나 묵언할 때나, 조용하거나 시끄럽거나 상관없이 '화두라는 의심 덩어리'가 머릿속에 가득

한 마음의 경지를 일컫는다. 즉, 참선하는 선승으로서 빠지기 쉬운 여러 혼란스러운 마음 상태를 뛰어넘은 경지를 말하는 것이다. 이영주가 마음속에 화두가 빈틈없이 가득 찬 동정일여의 상태를 어떻게 그렇게 짧은 수행으로 이룰 수 있었는가 하는 것은 쉽게 설명되지 않는다. 다만, 이를 통해 그의 남다른 결심과 정진을 향한 노력을 확인할 수 있을 뿐이다.

성철 스님은 참선 정진하는 데 있어 수행자가 가야 할 목표를 이 시대에 사는 우리에게 분명하게 제시해 주었다. 일상생활 속에서 마음의 흐트러짐 없이 물속에 달이 비치듯 늘 생생하게 화두가 들리는 경지까지 끊임없이 수행해야 하는 것이다.

동정일여의 경지를 얻어 더욱 화두에 매달리면 마침내 꿈속에서도 꿈은 사라지고 낮과 똑같은 화두가 들리는 경지에 이르게 되는데, 이런 경지를 몽중일여(夢中一如)라고 한다. 하지만 이 경지에 이르렀다고 해서 참선과 화두 공부가 끝나는 것은 아니다. 여기서 더 나아가 잠이 깊이 들어 누가 업어가도 모를 지경에 이르러서도 화두가 성성하게 들리는 경지에 들어서는데, 이 경지를 숙면일여(熟眠一如), 또는 오매일여(寤寐一如)라 한다.

이 세 관문을 통과해야만 화두를 깨칠 수 있고, 비로소 무거운 짐을 내려놓는 완성된 공부라 할 수 있다.

왜 개에게는 불성이 없다고 했는가

성철 스님이 든 화두는 '구자무불성(狗子無佛性)'이었다. 세상 만물에는 불성(佛性:깨달음을 얻을 수 있는 본성)이 있다고 했는데, 왜 개에게는 불성이 없다고 했는가. 이 화두를 들고 성철 스님은 끝없이 의문에 의문을 거듭했다.

길 없는 길. 타고난 마음이 부처라지만 그곳으로 가는 길은 너무 멀고 험했다. 끊겼다 이어지는 망상은 끊임없이 밀려왔다 밀려가는 파도와 같았다.

요즘 사람들은 여름과 겨울이 되면 방학이나 휴가를 이용하여 선방에 들어가 참선을 하는 경우가 많다. 그러나 온갖 세속에서의 얽히고 설킨 마음을 비우기란 쉽지 않다.

옛날 도를 이룬 스님들은 "도를 이루는 데는 쉽기로 말하면 세수하다가 코 만지기보다 쉽고, 어렵기로 말하면 한강에 바늘 빠뜨리고 그것을 찾는 것보다 어렵다."고 말했다. 깨달음은 그토록 지극한 수행 끝에 한순간 얻어지는 것이라는 뜻이다.

수도승들은 한곳에 머물지 않고 늘 전국의 선방을 떠돌며 지낸다. 동안거(冬安居)나 하안거(夏安居)라고 해서 겨울과 여름 한철 동안 문밖 출입을 하지 않고 선방에 틀어박혀 참선을 하는 시기가 있는데, 수도승들은 이 기간을 끝낼 때마다 옮겨 다닌다. 1938년 성철 스님도 경남 양산 통도사 백련암에서 동안거를 끝내자마자 부산 범어사 내원암으로 옮겨 여름을 지냈다. 이곳에서 할아버지 격인 용성 스님을 모시게 되었다. 용성 스님이 동산 스님의 스승이니까, 용성-동산-성철로 이어지는 선불교의 맥이 완성된 것이다.

당시 용성 스님은 3·1운동으로 구속됐다 풀려나 범어사 내원암에 머물고 있었다. 용성 스님은 다른 스님들을 모두 선생이라고 불렀는데, 손자뻘인 성철 스님만은 꼭 '성철 수좌', '성철 스님'이라 불렀다고 한다. 성철 스님이 그 까닭을 물었다.

"스님이라고 부를 만한 중이 있어야지. 그런데 너를 대하니 스님이라고 부를 만하다는 생각이 드는구나. 앞으로 참선 정진 열심히 해라."

용성 스님은 그토록 성철 스님을 미더워했다.

성철 스님은 세상에서의 욕심은 다 버렸지만, 오직 수행에 대한 욕심만은 남달리 강했다. 그런 스님이니 평소 소신대로 강하게 용맹정진을 주장했다. 다른 스님들도 할 수 없이 모두 함께 용맹정진에 들어가야 했다.

시간이 흐르면서 자지 못하고 눕지 못한 선방 스님들은 신경이 날카로워져 갔다. 몸이 워낙 피곤하다 보니 지나치다가 서로 부딪치기만 해도 서로를 힐난했고, 말다툼이 잦아졌다. 그러나 성철 스님은 정신의 죽음에서 깨어나느냐 그냥 죽고 마느냐 하는 수행 과정에서 선방 스님들이 이만한 일도 참지 못하냐고 호통을 치며 정진을 이끌어 나갔다.

그러나 그 시절에는 아직 참선 공부의 기틀이 확립되지 않은 시기여서 수행하는 방법을 두고도 서로 의견이 분분했다. 고요해야 할 선방에서 스님들의 신경이 날카로워져 가니 결국 이를 전해들은 동산 스님은 상좌인 성철 스님을 불러 엄하게 꾸짖었다.

"공부하고 싶으면 자네나 하면 되지, 왜 공부 안 하려는 사람까지 얽어매 이런 야단을 내는 것이냐?"

동산 스님은 공부란 남이 억지로 시켜서 되는 것이 아니고 그래 봐야 역효과만 난다고 생각했던 것이다. 성철 스님은 본시 깨달음이란 스스로에게서 나고 얻는 것이라고 생각하고는 다시 혼자만의 정진에 들어갔다. 이렇게 철저히 정진을 하던 스님은 주위의 소란에도 동요하지 않았고, 주변에서 무슨 일이 일어나도 몰랐다.

이듬해인 1939년 여름, 대구 동화사 금당선원에서 하안거를 날 무렵이었다.

동화사 요사채(寮舍寨:승려의 생활과 관련된 건물을 이르는 말로써 승려들이 식사를 마련하는 부엌과 식당, 잠자고 쉬는 공간을 아울러 이르는 말이다)에 불이 났다. 절에 있던 스님들이 모두 나와서 물통을 들고 소리를 지르며 뛰어다니느라 소란스러웠다. 그런데 요사채와 선방과의 거리가 서울과 부산 사이의 거리만큼 먼 것도 아닐 텐데 혼자 선방에서 정진 중이던 성철 스님은 소동에도 꿈짝하지 않았다. 불길이 거의 잡혀가고 스님들이 걱정을 한시름 덜었을 즈음 성철 스님은 부삽과 부집게를 들고 나타났다. 그러곤 타다 남은 숯불을 집어서 풍로에 넣고는 약탕기를 올려 약을 달였다.

이 모습을 본 다른 스님들은 모두들 어이가 없어했다.

"불이 났는데 어찌 저런 무심한 짓을……."

큰 소동에도 불구하고 성철 스님이 그처럼 무심하게 행동한 이유는 스님이 깨달음의 세계에 몰두해 있었기 때문이었다. 보통 사람들도 무언가에 깊이 몰두하면 주변에서 일어나는 일에 무감각해지는 경우와 같은 것이다. 그렇게 지극한 집중을 해야 화두일념(話頭一念:오직 화두만으로 마음이 가득한 상태)이 되는 것이다.

1981년 성철 스님은 참선 공부하는 제자들을 위해 자신이 직접 겪고 느낀 참선 공부에 대해서 들려주었다.

"사람들은 저 달을 보라며 손가락으로 달을 가리키면 달을 보지 않고 손가락을 본다. 그러나 목표는 달이지 손가락이 아니다. 《팔만대장경》 전체가 달을 가리키는 손가락이다. 그러니 말을 따라가지 말고 실체를 보도록 하라. 그러면 말과 문자로 깨우칠 수 없는 그 법을 어떻게 깨칠 것인가. 참선을 해야 한다. 참선을 제대로 하려면 화두를 들어야 한다. 부처가 무엇이냐고 묻는 말에 옛 선사들은 왜 '뜰 앞의 잣나무'라고 했을까. 화두란 암호밀령(暗號密令)이다. 암호란 본래 말하는 것과는 전혀 다른 뜻을 가지고 있다. '하늘 천(天)'이라고 말할 때 '천'한다고 그냥 '하늘'이라고 알았다가는 그 암호의 뜻은 영원히 모르고 마는 것과 마찬가지다. 겉으로 말하는 그것이 내용이 아니다. 내용은 암호로 되어 있어 숙면일여의 경지에서 확실히 깨우쳐야만 알 수 있다. 화두란 깨달음의 문을 여는 암호밀령, 어떤 문자로도 깨우칠 수 없고 어떤 스승도 가르쳐 줄 수 없다.”

책이나 글을 읽는 것만으로는 깨달음에 이를 수 없다면서 왜 《팔만대장경》이란 방대한 경전이 존재하는지에 대해 분명한 예를 들어 답을 주었다.

“그렇다면 왜 《팔만대장경》을 만들어 놓았는가? 금강산이 천하에 유명하고 좋기는 하나 그것을 세상에 알리기 위해서는 안내문이 필요합니다. 금강산을 잘 소개하면 ‘아! 이렇게 경치 좋은 금강산이 있구나. 한번 가보아야지.’ 생각하고 드디어 금강산을 실제로 찾아보게 되는 것입니다. 이러한 안내문이 없으면 금강산이 그렇게 좋은 곳인 줄 세상 사람들이 어떻게 알 수가 있겠습니까. 그와 마찬가지로 이 언어 문자로 이루어진 《팔만대장경》은 깨달음에 이르기 위한 길 안내서입니다. 《팔만대장경》에서 ‘불교란 이런 것이다. 부처란 무엇이다.’ 라고 소개하고 있기 때문에 세상 사람들이 그것을 보고 부처님이 귀하고 높으며 불교가 좋은 줄 알아서 믿게 되는 것입니다. 그런 언어 문자로 된 안내문이 없었다면 부처님의 훌륭하고 좋은 법을 몇 사람이나 알고 있겠습니까?”

《팔만대장경》으로 안내서를 삼고 화두를 들고 참선에 몰두해야만 비로소 깨달음에 이를 수 있다는 말이었다. 이렇게 철저히 화두에만 몰두하여 성철 스님은 큰 깨달음을 얻었다.

마하연에서의 정진

성철 스님은 이 금당선원에서 억겁의 어둠에 싸인 동굴에 촛불을 밝히듯 일시에 어둠을 몰아내고 깨달음을 얻어 오도송(悟道頌:깨달음의 시)을 읊었다.

황하수 곤륜산 정상으로 거꾸로 흐르니

해와 달은 빛을 잃고 땅은 꺼지는도다

문득 한 번 웃고 머리를 돌려 서니

청산은 예대로 흰구름 속에 섰네.

한 송이 연꽃이 늪 가운데서 활짝 피어나듯, 두터운 구름장 사이로 밝은 햇살이 비치듯 시를 읽는 사람들의 가슴에도 깨달음을 주었다.

불교 서적을 보면 유명한 고승들이 깨달음을 얻은 순간에 대한 이야기가 나온다. 부처님은 보리수나무 아래서 6년 동안 고행하다가 새벽 샛별을 보고 마침내 도를 이루었다고 해서 이를 '견명성(見明成:밝은 별을 봄) 오도(吾道)'라고 한다. 우리나라의 고승 서산대사 또한 마을을 지나다 닭 우는 소리에 깨달음을 얻었다고 전해 온다.

많은 사람들이 성철 스님에게 물었다.

"스님, 스님은 어떤 순간에 깨달았으며, 그 깨달음의 순간은 어떠했습니까?"

그런데 스님은 자신의 깨달음에 대해 말하지 않았다. 그러나 성철 스님이 남긴 법어 중에는 깨달음에 관련된 이야기가 있다.

"마음을 깨친다는 것은 꿈을 깨는 것과 같습니다. 누구든지 꿈을 꾸고 있을 때는 모든 활동이 자유로운 것 같고, 아무런 거리낌이 없는 것 같지만 그것이 꿈인 줄 모릅니다. 그러다가 꿈을 턱 깨고 나면 '아하! 내가 참으로 그동안 꿈속에서 헤맸구나.' 하고 알 수 있습니다. 이와 마찬가지로 중생들은 세상을 살면서 꿈속에서 사는 줄을 모릅니다. 꿈속에서 깨어난 사람이 아니면 꿈을 꾸는 것인 줄 모르는 것과 같이 마음을 깨친다는 것도 실지로 마음의 눈을 떠서 깨치기 전에는 참으로 어렵습니다."

성철 스님은 삶을 '꿈'에, 깨달음을 '꿈에서 깨어남'으로 흔히 비유하곤 했다. '크게 깨친 뒤에야 큰 꿈을 알 수 있다.'는 옛날 중국 장자의 말을 인용하기도 했다. 깨우치는 순간의 경계가 중요한 게 아니라 깨우침 그 자체가 중요하다는 말이었다.

성철 스님은 일상생활에서 어떤 일을 하든지 법도에 어긋나는 법이 없었다. 그것이 바로 성불한 자의 진정한 자유로움이라고 했다.

성철 스님은 1940년 대구 동화사 금당선원에서 오도송을 부른 뒤 곧바로 금강산 '마하연'으로 걸망을 지고 떠났다. 금강산 마하연은 당시 가장 유명했던 수행처로 많은 스님들이 그곳에서 정진하길 바랐다. 그만큼 선방의 규모도 컸다. 선방 스님들은 우스갯소리로 마하연 선방이 얼마나 넓은지 끝에 앉아 참선하는 스님은 안거 한철 90일을 나고도 다른 쪽 끝에 있던 스님의 얼굴을 모른다고 할 정도였다. 물론 그 말 속에는 마하연 선방의 스님들이 서로를 몰라볼 정도로 열심히 수행에만 몰두했다는 의미가 담겨 있었다. 성철 스님은 이곳에서 지극한 수행을 하면서 평생의 법우인 향곡 스님을 만났다.

성철 스님은 해박한 지식과 독특한 성격으로 어디를 가나 소문을 몰고 다녔다. 같은 스님들 중에서도 성철 스님이 왔다 하면 서로들 보러 나올 정도였다.

1940년대 초 어느 봄, 성철 스님은 전남 순천 송광사 '삼일암'으로 하안거를 지내러 갔다. 그때 마침 출가한 지 얼마 되지 않는 일타 스님이 그곳에 있었다. 일타 스님은 다른 큰스님 앞에서도 행동이 거침이 없고 무심하며 당당한 성철 스님을 보고 매우 깊은 인상을 받았다. 한눈에 사람을 꿰뚫어 보는 듯한 형형한 눈빛과 훤칠한 키가 다른 스님들을 압도하고 있었다.

'저 스님은 뭔가 특이한 사람이구나.' 하는 생각이 들어 생식하는 성철 스님에게 상추를 뜯어 가져다주었다. 무뚝뚝한 성철 스님도 그런 호의가 고마웠던지 일타 스님에게 이런저런 말을 많이 해주었다.

일타 스님은 성철 스님과의 만남을 돌이켜보며 말했다.

"그때 성철 스님한테 들은 말씀 가운데 지금까지 기억에 남는 것은 '중 노릇은 사람 노릇하고는 다르다. 사람 노릇 하려면 옳은 중 노릇 못한다.' 는 것이야. 지금 생각하면 그 말씀이 내 평생 중 노릇 하는 데 가장 중심을 잘 잡아 준 말이 아닌가 싶어."

며칠 머무는 사이 친밀감을 느낀 일타 스님이 성철 스님과 함께 삼일암 앞을 지나가고 있었다. 일타 스님은 삼일암에 있는 달마대사 탱화가 갑자기 생각났다. 달마대사의 부리부리한 눈이 어쩐지 성철 스님의 눈빛과 비슷한 느낌이 들어 물었다.

"다른 사람들이 스님 보고 괴짜라고 하던데요."

성철 스님은 그렇게 묻는 일타 스님의 마음을 어찌 알았는지 되물었다.

"달마 스님 눈 봤나?"

"봤습니다."

"눈이 커야 많이 보고, 눈이 커야 턱하니 바로 가지. 눈이 작아 가지고는 옳게 못 본다."

세상의 큰 진리를 보아야 할 마음의 눈, 즉 사람됨의 그릇이 커야 단번에 깨우치게 된다는 뜻이었다.

며칠 지나 성철 스님이 하안거를 나기 위해 다른 곳으로 떠나게 됐다. 일타 스님은 은근히 따라갔으면 하는 생각이 들었다. 그렇지만 직접적으로 말은 못하고 "혼자 가십니까?" 하고 물었다. 성철 스님은 한마디 말을 남기고 뒤도 돌아보지 않고 산문을 떠났다.

"중이 가는 길은 혼자 가는 길이다."

불교 경전에도 구도자의 길은 무소의 뿔처럼 혼자서 가는 외로운 길이라는 말이 있다. 이 말 역시 일타 스님의 머릿속에서 평생 떠나지 않았던 말이다.

일주문 앞의 큰스님

산속의 밤은 그 어느 곳보다 어둠이 깊다. 그 어둠이 차츰 푸른빛의 새벽이 되어 갈 무렵, 백련암 선방에 하나 둘 불이 밝혀진다. 새벽 3시. 세상 사람들은 가장 깊은 잠에 빠져 있을 시각, 어둠을 밝히기 위해 깊은 산중에서는 예불을 시작한다.

백팔 배를 마칠 무렵, 푸른 어둠이 걷히면서 안개가 자욱한 절 마당이 드러나기 시작한다. 아침 해가 뜨면 구름은 산자락에 그늘을 드리우고 천천히 흐른다. 하루 해가 다 가도록 일주문 근처엔 사람 하나 얼씬하지 않는다.

제자 스님들은 일주문 가까이 다가가기만 해도 성철 스님의 경책이 들리는 듯하다고 말한다.

"수행승이란 일주문에 먼지가 수북이 쌓일 만큼 바깥출입이 없어야 한다."

일주문 앞의 성철 스님은 세간을 넘나들지 않도록 마음속에 일주문을 하나씩 세우라고 말했다.

성철 스님께서 상좌를 받아들일 때 가장 힘주어 말하는 부분이 바로 '침묵' 과 '절속(絶俗)' 이다. 수행 중에는 말을 삼가고 마음 깊은 곳으로부터 속세와의 인연을 끊는 것이다.

원구 스님은 성철 스님으로부터 이런 말을 들었다.

"일주문을 함부로 생각지 마라. 다른 집 대문처럼 생각하면 안 된다."

이 말을 어기고 허락도 없이 일주문을 나선 행자들 중에는 아주 쫓겨난 경우도 있었다고 원구 스님은 말했다.

삼일 스님은 또 절속에 대해서 "마을에 일절 나가지 못하게 했습니다. 하나에서 열까지 공부만 해라. 심지어 도반이 와도 만나지 못하게 하고 정 만나려면 보따리 싸서 나가라고 했습니다."라며 그 시절을 돌이켰다.

가야산 호랑이

숲이 깊은 가야산은 예전에 호랑이가 자주 나타났다.

큰스님의 별명은 '가야산 호랑이'다. 가르침에 어긋난 일이나 마음에 차지 않는 일이 있으면 어제 온 행자나 20년 된 스님이나 가리지 않고 질책했다. 화가 나면 벼락같은 목소리로 다그쳤다. 물론 모두가 수행이 부족한 스님들을 일깨우기 위한 것이었다.

스님은 어느 누구에 대해서도 특별한 대접을 해주지 않았다. 지위가 높거나 낮거나 이름 있는 사람이거나 평범한 사람이거나 가리지 않고 오직 부처님께 대한 신심을 가지고서만 그 사람을 대할 뿐이었다. 그래서 절 일을 하는 데 있어서 조금이라도 원칙에 어긋나면 스님들에게 바로 바로 호통을 치곤 했다.

큰스님은 식물들을 소중히 아끼고 키웠다. 불가(佛家:부처님을 믿는 사람이나 그 사회)에서는 하찮은 식물 한 포기, 작은 곤충 한 마리에도 불성이 깃들어 있다 하여 함부로 죽이지 말라는 가르침이 있다. 무심코 밟아 죽인 개미 한 마리에 불성이 깃들어 있다고 생각하면 세상 모든 사람들의 생명을 어찌 가벼이 여길 수가 있겠는가.

백련암에서 공사가 있을 때였다.

백련암에는 성철 스님이 좋아하는 향나무가 있었다. 가야산 중턱에 있던 토종 향나무인데, 큰스님이 몇 그루 캐다가 백련암 앞 화단에 심어 놓았다. 그런데 공사를 하던 중에 바쁜 일꾼들이 시멘트 포대를 화단가에 쌓아 두게 되었다. 마침 성철 스님이 마당에서 산책을 하다가 향나무 가지 하나가 시멘트 포대에 짓눌려 있는 것을 보았다. 큰스님은 지나가던 한 스님에게 말했다.

"향나무 가지가 저렇게 눌려 있는데, 좀 치우소."

시멘트 포대를 당장 치우라는 명령이었다. 그런데 스님은 마침 지게에 짐을 지고 가던 중이어서 "예." 하고 대답을 해놓고서는 지게의 짐을 내리느라 깜박 잊고 말았다. 다시 한 번 그 자리를 확인한 큰스님은 그야말로 가야산 호랑이라는 별명에 걸맞게 산중을 뒤흔드는 호통을 쳤다.

"어른 말이 얼마나 말 같잖으면, 향나무 가지 좀 편하게 해주라는데, 뭣이 그래 바빠서 말을 안 듣는 것이냐!"

그 기세에 눌려 아무도 가까이 가지 못하고 벌벌 떨고만 있었다. 그러자 큰스님은 향나무 가지를 누르고 있는 시멘트 포대를 갈기갈기 찢었다.

"시멘트 포대가 중요하냐, 향나무가 중요하냐. 집 짓는 게 중요하냐, 나무 한 그루 잘 자라는 게 중요하냐."

시멘트 가루가 절 마당에 흩어지면서 매캐한 냄새가 진동해서야 스님들은 정신을 차렸다. 스님들은 향나무에 묻은 모래와 시멘트를 치워 성철 스님을 진정시켰다.

이렇게 사소해 보이는 일조차 그냥 넘기지 않는 큰스님이 스님들의 수행에 대해서 쉽게 넘길 리 없었다. 성철 스님은 수행자를 가장 높이 여기기도 했지만, 그런 만큼 그지없이 엄격한 원칙을 세웠다.

용맹정진과 흰죽

안거철을 맞아 용맹정진(勇猛精進)에 들어가면 도량은 바짝 긴장하게 된다. 용맹정진을 하다가 탈락하게 되면 누구나 예외 없이 해인사를 떠나야 하기 때문이다. 용맹정진에 참가하는 선방 스님들은 스님대로, 또 그 뒷바라지 소임을 맡은 스님들은 그들대로 마지막 수행의 정점에서 정신을 똑바로 차리지 않을 수 없다.

일주일 동안 잠을 자지 않고 앉아서 수행만 한다는 것은 보통 어려운 일이 아니다. 체력이 떨어져 버티기 힘든 게 가장 큰 문제다. 그래서 밤참을 준비하곤 하는데, 어느 날 성철 스님은 밤참으로 흰죽과 보리차만 허용한다고 말했다.

"이번 용맹정진의 밤참은 흰죽밖에 안 된다. 예전에는 깨죽이니 잣죽이니 해서 먹었는데, 이제 더 이상은 안 된다. 차는 보리차, 밤참은 흰죽."

성철 스님은 최소한의 음식이 정신을 맑게 한다고 다시 힘주어 말했다.

"그럼 장 봐 온 것은 어떻게 하나, 저기 골짜기 올라가면 가난한 사람들이 많다. 그곳에 다 나누어 주고 오너라."

젊은 스님들은 성철 스님의 명을 따라 장 봐 온 것을 나누어 주러 마을로 향했다.

"우리가 이렇게 공부하고 기도하는 것은 다 중생들을 위해서다. 우리가 배불리 먹고 잠을 잘 자서야 어찌 중생을 위한다고 할 수 있겠는가."

정진 중에는 세 끼 공양 시간을 전후로 방을 정리하고 세면과 양치질을 위한 약 한 시간의 휴식 시간이 허용된다. 그 시간을 이용해 어린 스님들은 눈 좀 붙여 보려고 숨어들게 마련이다. 간혹 창고나 탁자 아래에서 잠에 빠진 스님이 참선을 시작하는 죽비소리를 듣지 못해 다른 스님들이 찾아나서는 소동이 벌어지기도 한다.

선방에서 졸거나 잠든 스님을 깨우는 물건을 '장군죽비'라 한다. 장군죽비는 길이가 120센티미터, 두께는 어깨에 닿는 부분 4~5밀리미터, 너비는 3~4센티미터 정도 된다. 반드시 물푸레나무로 만드는데, 그래야 낭창낭창하여 유연성이 좋으며 때려서 잠은 깨우나 크게 아프지 않기 때문이다. 때릴 때도 목과 어깨에 튀어나온 쇄골 사이 살이 있는 부분을 정확하게 쳐야 아프지 않게 잠을 깨울 수 있다. 잘못하다가는 귓바퀴나 엉뚱한 데를 때릴 수 있기 때문에 여간 숙달되지 않으면 죽비를 칠 수 없다.

성철 스님은 선방에서 수행하다 졸거나 잠들면 보통 등짝을 후려쳤다. 간혹 더 큰 잘못을 저지른 스님은 여기저기 가리지 않고 얻어맞아야 했다. 한번은 성철 스님이 선방인 '선열당'의 다락을 올라가다 젊은 수좌 하나가 낮잠을 자고 있는 것을 발견했다. 성철 스님은 산길을 거

닐며 시간을 보내는 것은 아무 말 않지만, 낮잠을 자다 들키면 용서하지 않았다.

"이놈, 밥값 내놔라!"

성철 스님은 들고 있던 죽비로 사정없이 내리쳤다. 깜빡 낮잠을 즐기다 아닌 밤중의 홍두깨 격으로 느닷없이 기습을 당한 스님에게 다른 방어 수단이 있을 리 없었다. 성철 스님의 기세로 봐서 죽비를 그대로 맞고 있다가는 죽을 것 같은 생각이 들었는지 젊은 스님은 성철 스님의 장군죽비를 부러뜨리고는 창문으로 뛰어내려 도망쳤다.

오후 참선 시간이 되어 죽비를 치고서 모두들 앉아 참선 정진을 하는데, 도망갔던 그 수좌도 다시 돌아와 자리에 앉아 정진을 했다. 그 스님뿐만 아니라 모두들 어떤 불호령이 떨어질지 몰라 불안에 떨었다. 그러나 성철 스님은 정작 "참선 잘하라."는 당부만 하고 끝냈다. 이미 젊은 스님에게 가르침을 주었으니 다시 혼을 낼 필요가 없다고 성철 스님은 생각한 모양이었다.

성철 스님이 호통을 치고 꾸짖을 때 누가 반기를 들랴마는, 선방 스님들끼리 죽비를 치다 보면 종종 말싸움이 벌어지기도 한다. 죽비를 내리치는 스님(경책하는 스님)은 분명히 졸고 있는 스님에게 가서 죽비를 치겠다고 경고를 하는데, 졸던 스님은 잠에서 깬 뒤 절대 졸지 않았다고 불복하는 경우가 종종 있다. 졸았으니 맞아라 하는 쪽과 졸지 않았다고 버티는 쪽이 맞붙어 소동이 벌어지는 것이다. 이런 문제를 해결하기 위해 성철 스님이 꾀를 냈다.

"경책하는 스님이 돌다가 조는 사람이 있거든 손수건을 장군죽비에 걸어 그 스님 어깨나 무릎 위에 먼저 놓아라. 그런 후에 조는 스님을 깨워 그 손수건 놓인 것을 먼저 확인시키고 경책해라."

이렇게 분명하게 절차를 만든 뒤로는 죽비를 맞네, 안 맞네 하는 소동은 거의 없어졌다.

성철 스님의 아이디어 중 특이한 것 하나는 일주일 간의 용맹정진을 마친 스님에게 산행을 시키는 것이다. 잠이 모자라고 온몸이 녹초가 되었을 때 그대로 쓰러져 잠이 들면 피로를 풀 수 없다. 잠은 잠대로 오고 건강을 회복하기가 더 어려워지는 것이다. 때문에 성철 스님은 등산을 갔다 오면 오히려 잠과 피곤을 빨리 이길 수 있다고 생각했다. 실제로 정진 후 산행을 하면 몸이 가벼워지고 피로도 빨리 회복된다는 사실을 모든 스님들이 깨달았다. 이후로 스님들은 성철 스님의 생각을 따르게 되었다.

참선을 주로 하며 수행하는 선원(禪院)뿐만 아니라 불경 공부를 위주로 하는 강원(講院)도 성철 스님의 꾸지람을 두려워하기는 마찬가지였다. 큰스님은 강원 스님들이 공부하는 승가대학을 기습적으로 방문하는 경우가 많았다. 뿐만 아니라 학생 스님들의 서랍을 일일이 열어보는 일도 있었다. 읽으라는 불경은 안 읽고 만에 하나 소설이나 잡지를 읽다가 들키는 학생 스님이 있으면 들고 갔던 죽비로 사정없이 난

타를 했다. 그래서 마당에 큰스님만 어른거려도 학생 스님들은 그런 것들을 숨기느라 정신이 없었다. 성철 스님의 그러한 행동은 수행하는 스님들이 이미 버리고 온 세상보다는 부처님께 온몸과 마음을 바치기를 원했기 때문이다.

가야산 호랑이 스님의 미소

이렇게 엄격하고 원칙대로 사시는 분의 얼굴은 어떨까. 아마도 대부분의 사람들은 무섭거나 근엄한 인상을 한 성철 스님을 상상하리라. 그러나 성철 스님은 언제나 웃음 띤 얼굴이었다. 눈가엔 잔잔한 주름이 잡혀 있고 입가엔 언제나 미소가 머물러 있었다. 자신의 욕심에 따라 사는 것이 아니라 모든 사욕을 버리고 부처님의 가르침대로 살았으니 욕심에 따른 고통도 없고 시기나 질투도 하지 않아 어린이처럼 해맑은 얼굴이었다. 심지어 호통을 칠 때조차도 웃음 띤 얼굴이었다.

스님은 유머 감각도 풍부하고 장난기도 많았다. 성철 스님이 1981년 조계종 종정에 추대되었을 때 처음으로 한 말이 있다. 절친하게 지낸 도반 향곡 스님이 이미 세상에 없는 것을 두고 서운해하셨다.

"향곡이 살아 있었더라면 얼마나 좋아했겠나……"

향곡 스님은 그렇게 성철 스님이 한평생 잊지 않은 도반이었다. 두 사람은 20대 후반 한창 구도열이 왕성하던 시절에 만났다. 앞서거니 뒤서거니 서로의 수행을 도와주며 더욱 절친해져 갔다. 성철 스님도 작은 체구가 아닌데 향곡 스님은 어깨도 떡 벌어지고 키도 더 커서 체구가 당당했다. 성철 스님은 자신보다 덩치가 큰 향곡 스님과 장난치며 어울렸던 일들을 얘기하며 웃곤 했다.

"어느 날 향곡이 하고 수좌 몇이 포행(길을 걸으며 수행하는 것)을 나갔는데, 마침 계절이 가을이라 잣나무에 잣이 주렁주렁 열려 있었지. 그래서 향곡이하고 내기를 했지. 저 잣을 따올 수 있냐고 하니 향곡이가 아무려면 그걸 못 따겠냐며 잣나무에 막 오르려는 거야. 그래서 내가 '그러면 옷을 벗고 올라야지, 옷 입고 오르다 잣 송진이 옷에 묻으면 어쩌려고.' 하니 '그래 맞다.' 하며 옷을 훌러덩 벗고 잣나무로 막 올라가는 거라."

산 깊은 골짜기에서 스님들의 희한한 내기가 시작되었다. 주위는 사람 하나 보이지 않고 산새들만 울며 날아갈 뿐이었다. 그런데 갑자기 성철 스님의 장난끼가 발동했다. 향곡스님이 나무에 반이나 올랐는데 밑에서 소리를 쳤다.

"아이구, 우짜노! 저기 동네 아가씨들이 서넛 올라오네. 빨리 내려와라."

성철 스님은 소리를 지르고 재빠르게 도망쳤다. 당황한 향곡 스님이 높은 나무 위에서 어찌할 바를 모르고 있을 때 성철 스님은 커다란 웃음소리만 남기고 사라져 버렸다. 그 대목에서 성철 스님은 웃느라 늘 얘기를 다 마치지 못했다.

꽃과 나무를 사랑한 스님

성철 스님은 꽃과 나무를 천진한 어린이나 동물 못지않게 좋아했다. 특히 흰 모란을 좋아했고, 말년에는 장미도 좋아했다. 식물들을 보살피는 데 정성을 다했고, 그것들을 바라보면서 흐뭇한 미소를 지었다.

단청도 하지 않아 그저 여느 시골집이나 다를 바 없는 암자였던 30년 전의 '백련암'. 큰스님의 책을 보관하고 있던 장경각 앞에는 붉은색 모란이 심어져 있었고, 원통전 앞쪽 화단에는 겹작약이 소담스럽게 피어 있었다. 큰스님이 언제 어디서 보았는지 흰 모란을 보고는 몇 그루 얻어다 심은 것이었다. 모란이 피기를 기다리던 어느 날, 작약이 막 새순을 틔우기 시작할 무렵이었다.

"작약 순이 올라올 때가 됐으니까 화단에 들어가 순이 잘 올라오도록 호미로 굳어진 흙 좀 갈아라."

큰스님의 명에 따라 행자들이 화단에 들어갔다. 하지만 화단을 매고 나와 보면 오히려 흙 속에서 막 움트기 시작한 싹을 짓밟아 놓는 경우가 많았다. 새 순을 알아보지 못하고 그냥 흙만 뒤적이고 나오다 보니 밟힌 싹이 한둘이 아니었다. 그러면 큰스님의 노기가 온 산을 흔든다.

"귀한 생명을 그래 밟아 죽이려 하느냐!"

스무 살도 안 된 어린 행자가 들어온 지 얼마 되지 않았을 때였다. 어린 사람이 천진하다고 믿으며 어린 행자에게 많은 일을 시키던 때였다. 하루는 큰스님이 나와서 꽃나무를 옮기자며 그 행자를 앞세웠다.

다른 스님들은 삽을 들고 뒤따랐다. 행자가 괭이로 땅을 파기 시작했다. 큰스님은 일차로 경고했다.

"땅을 파면서 그 밑에 뭐가 있는지 잘 살펴보며 조심해서 파거라."

그러나 앳된 행자는 듣는 둥 마는 둥 열심히 땅만 팠다. 이윽고 괭이 끝에 무엇이 걸렸다. 삽으로 흙을 들어내니 검정색의 줄이 나왔다. 그것은 화장실로 연결된 전깃줄 묻어 놓은 것이었다. 그러한 사실을 미리 알려 주었다면 아무 일 없었을 텐데, 성철 스님은 행자에게 엉뚱한 말을 했다.

"그 시커먼 것이 뭐지? 삽으로 한번 콱 찍어 봐라!"

행자가 큰스님의 미끼에 걸렸다. 그 줄이 무엇인지 사형들에게 물어보겠다고 하면 되었을 것을 행자는 성철 스님의 말대로 전깃줄을 삽으로 찍어 버린 것이었다.

"이놈아, 그것도 모르냐! 네 눈에는 전깃줄로 안 보이고 뭐로 보이더냐?"

큰스님이 호통을 치니 하라는 대로 한 행자는 그저 어안이 벙벙한 표정을 지을 뿐이었다. 봄이 오면 화단 앞에선 이렇게 꽃을 보기 위한 소동이 한바탕 벌어지곤 했다.

큰스님은 흰꽃등나무도 무척 좋아했다. 해인사 큰절 퇴설당에 흰꽃 등나무를 심어 여름이 오기 전에는 흰 꽃을 보고, 더운 날엔 그 그늘 아래에서 쉬기를 좋아했다. 고향이 대나무 산지라서 그런지 대나무도 무척이나 좋아했다. 그중에서도 검은 색 대나무인 오죽(烏竹)을 좋아해서 한번은 오죽을 옮겨다 심었는데, 끝내 살리지 못한 일도 있었다.

한번은 불교학자 김지견 박사와 이야기를 나눈 적이 있었다. 그때 가야산 백련암은 부처님 오신 날을 앞두고 작약, 꽃잔디, 양산홍 등의 온갖 꽃들이 활짝 피어 향기를 내뿜고 있었다. 김지견 박사는 이야기를 나누는 중에 백련암 마당을 둘러보면서 말했다.

"백련암이 온통 향산(香山)인 것 같습니다. 이렇게 아름다울 수가 없습니다. 스님께서는 꽃도 좋아하시는군요."

성철 스님은 웃으시며 차를 들었다.

"꽃 좋아하지요. 가지마다, 송이마다 화장찰해(華藏刹海)이지요. 그러나 꽃보다 더 아름다운 것은 어린애지요. 어린애들이 놀러 와 춤도 추고 노래를 하며 재롱을 피울 때가 가장 즐거운 시간입니다. 그들은 내 친구들이지요. 꾸밈없는 천진함이 다름 아닌 진짜 부처님 아니겠어요."

누더기의 큰스님

성철 스님은 평생 여기저기 기운 누더기 옷을 입고 지낸 분으로도 유명하다. 스님이 기거했던 백련암 스님 방에는 나무로 만든 낡은 책상 하나, 이부자리 한 채, 30년 입은 장삼 한 벌만이 남아 있었다고 한다. 게다가 큰스님은 손수 바느질을 하곤 했는데, 여러 일화가 있다.

어느 날 성철 스님을 보필하던 시찬 스님이 물을 갖다 드리려고 방문을 열어 보니 큰스님이 평소 안 쓰는 안경을 끼고 무언가 열심히 들여다보고 있었다. 낡은 양말을 들고 바느질을 하고 있는 중이었다. 시찬 스님은 얼른 물그릇을 놓고 다가갔다.

"큰스님, 뭐 이런 걸 하고 계십니까? 저희들이 기워 드리겠습니다."

"너희들 솜씨가 솜씨라 할 수 있나. 내가 낫지. 쓸데없이 기웃거리지 말고 할 일 다했으면 어서 나가거라."

시찬 스님은 큰스님 호통에 계면쩍어서 그만 나오고 말았다. 전구에 양말 뒤꿈치를 씌워 깁는 경우가 많았고, 때로는 평생 입고 다니던 누더기 장삼을 펼쳐 놓고 꿰매곤 했다.

큰스님의 바느질 솜씨는 대단했다. 그 부리부리한 눈과 담장처럼 높고 튼튼한 어깨와 팔로 조그만 바늘을 잡고 어느 스님들보다 더 촘촘하게 바느질을 했다. 그래도 노스님이 바느질하는 모습이 보기에 안쓰러워 다른 스님이 건의했다.

"큰스님, 요새 나일론 양말은 잘 떨어지지 않는데, 질긴 나일론 양말을 신으시지 왜 그렇게 잘 떨어지는 목양말을 신으시고 바느질을 하십니까?"

"이놈아! 나일론 양말이 질긴 줄 몰라서 안 신는 줄 아느냐? 중이라면 기워 입고 살 줄 알아야지, 너희들이나 질긴 양말 사 신어라."

성철 스님은 일흔을 넘기고서도 옷가지나 내복을 손수 기워 입곤 했다.

"옷은 떨어진 것을 모아 몸을 가릴 정도면 된다. 세상 사람과 같이 잘 먹고, 잘 입으려면 집을 떠나, 돈벌이할 일을 떠나 출가할 필요가 있겠느냐? 음식은 영양 부족이 안 될 정도면 되고, 머무는 곳은 바람과 비를 가려 병이 안 날 정도면 된다. 중이 음식을 잘 먹기 시작하고, 옷을 잘 입기 시작하면 수행하기 어렵다. 수행자는 스스로 음식과 옷을 늘 험하게 해야 한다. 신도들이 절이나 스님에게 바치는 시주를 독물처럼 생각하고, 하루 세 번 먹는 밥도 그들의 피땀으로 이루어진 것임을 잊지 말아야 한다."

그래서 스님은 소매가 넓고 긴 장삼과 그 위에 걸치는 가사(예식을 할 때 장삼 위에 걸치는 붉은 홑겹 옷)는 물론, 이불과 요까지도 모두 광목에 먹물 들인 것을 사용했다. 옷이나 양말은 모두 손수 기워 입었다. 스스로의 체력이 닿는 한 기본적인 수도승의 의무를 놓지 않으려 했던 것이다. 그렇게 근검절약하며 살아온 큰스님이니 낭비하는 일은 참고 보지 못했다.

하루는 어떤 스님이 큰스님을 찾아뵙는다고 산으로 올라왔다. 다른 스님들과 함께 이런저런 얘기를 나누는데, 무척 귀한 손님인 듯 흐뭇해하는 모습이었다.

스님들에게 차를 돌리다가 큰스님 앞에 물이 몇 방울 떨어졌다. 차를 돌리던 스님이 급한 김에 두루마리 휴지를 손등으로 몇 번 휘감아 뜯은 다음 물방울을 닦았다. 큰스님은 그런 모습은 한참 노려보다가 버럭 소리를 질렀다.

"너는 그렇게도 부자인가 보지!"

물 몇 방울에 휴지를 그토록 많이 쓴다고 호통을 친 것이다. 스님들은 어찌나 송구스러운지 몸 둘 바를 몰랐다. 그렇지만 그런 불호령은 철부지 제자를 가르치기 위한 말씀이니 다들 고개를 숙이고 받아들였다.

그뿐만이 아니다. 신도들이 시주하는 돈이나 물건에 대해서도 엄격했다. '시주물은 독화살인 듯 피하고, 부귀와 영화는 원수 보듯 하여서…….' 라는 말을 남길 정도였다.

성철 스님의 환갑 날 있었던 일도 큰스님의 성정을 그대로 보여 주었다.

어느 날 나이 지긋한 여성 신도 한 명이 멀리서 찾아와 성철 스님을 뵙고 간 날 저녁에 절 살림을 맡아 하는 원주 스님이 수행 중인 스님들을 불렀다. 그리고 테플론 섬유로 만든 옷 한 벌씩을 나누어 주었다. 광목에 먹물을 들여 만들어 쉽게 떨어져서 여기저기 기운 옷을 입고 지내던 스님들에게 갑자기 양복 감으로 된 새옷을 나누어 주니 모두 어리둥절할 뿐이었다.

한 스님이 원주 스님에게 물었다.

"왜 이런 새옷을 주십니까?"

원주 스님은 "옷을 주기는 주었지만, 앞으로 절대 입지 마시오."라고 대답했다. 옷을 주면서 입지 말라니 도대체 무슨 말이냐며 다시 캐

묻자 원주 스님은 마지못해 설명해 주었다.

"내일 큰스님 환갑이라, 스님들 입으라고 신도님이 옷을 해와서 나누어 준 것이오. 그렇지만 내일 이 옷을 입고 나가면 큰스님께서 절 밖으로 쫓아낼 터이니, 절대 입지 말란 말이오. 알겠소?"

절에 들어온 지 얼마 되지 않는 스님들은 그렇게 설명을 듣고서도 이해가 되지 않았다. 게다가 큰스님 환갑 날이라니, 뭔가 준비를 해야 되는 것 아닌가 싶어서 걱정스럽기도 했다. 그러나 저녁이 되어도 환갑 잔치할 낌새는 조금도 보이지 않았다. 젊은 스님들은 신도들이 잔칫상을 잘 차려 오려나 보다 하고 생각했다.

그러나 다음날 아침상은 평소와 다르지 않았다. 점심 때 신도들이 잔칫상을 만들어 오려나 하는 생각에 점심 시간을 기다렸다. 그러나 역시 아무런 일도 일어나지 않았다. 모든 스님들에게 존경받는 큰스님이라서 굉장한 잔치가 벌어질 줄 알았는데, 오히려 평소보다 더 조용했다. 성철 스님은 출가 이후 한 번도 생일상을 받아온 일이 없었던 것이다. 어쩌다 몇몇 신도들이 큰스님 생일을 맞아 과일과 먹을거리를 지고 올라와 상을 차렸다가 쫓겨난 적도 있었다.

성철 스님은 누가 생일 이야기라도 꺼내면 "중이 무슨 생일이 있나." 하며 꾸짖곤 했다. 생일이란 속세의 일, 세상을 등지고 출가한 승려에겐 이미 끊어진 인연이기에 아무 의미가 없다는 가르침을 몸소 보여 주고 있었던 것이다.

시주물을 독화살같이

시줏돈에 관한 일화도 있다.

원택 스님이 행자로 지내던 시절이었다. 사찰의 부엌살림은 대개 밥을 짓는 공양주와 반찬을 만드는 채공 행자가 맡아 꾸려 간다. 밥은 한 가지만 해도 되지만, 반찬은 여러 가지인지라 채공이 더 힘들게 마련이었다. 그러나 대부분의 신도들은 공양주에게 인사를 많이 했다. 법당 부처님께 올리는 밥인 '마지'를 공양주가 그릇에 소담스럽게 담아 건네기 때문이다.

원택 스님은 절에 들어온 지 얼마 되지 않아 실수를 많이 했다. 그러던 어느 날, 어느 여신도 한 명이 원택 스님의 손을 끌어당겨 돈을 쥐어 주었다.

"공양주 행자님, 수고 많으십니다. 이거 얼마 되지 않지만 연필이라도 사 쓰십시오."

스님은 난생처음 신도로부터 돈을 받고 당황해했다. 얼떨결에 받고서는 "저는 돈 같은 거 필요 없습니다." 하며 되돌려주었다. 주거니받거니하다가 여신도는 부뚜막에 돈을 놓고 가버렸다. 원택 스님은 부뚜막에 올려진 돈을 보며 고맙다는 생각보다 팁을 받았다는 생각에 서글픔을 느꼈다. 게다가 절에서는 실제로 돈을 쓸 일도 없었고, 어디에 써야 하는지도 몰라 절 살림을 맡아 하는 원주 스님에게 돈을 갖다 주며 무심코 말했다.

"어떤 보살님이 팁을 주고 갔습니다."

그 말은 들은 원주 스님의 얼굴이 붉으락푸르락하며 험상궂게 변했다. 원주 스님은 뭐라고 야단을 칠 듯하다가 그냥 돌아섰다. 잠시 뒤에 성철 스님이 호출한다는 전갈이 왔다. 성철 스님은 원택 스님을 보자마자 크게 호통을 쳤다.

"이놈아! 팁이란 말이 뭐냐?"

원택 스님은 숨을 크게 몰아쉬며 대답했다

"예. 세속에서 음식점 같은 데서 음식을 먹고 나면 감사하다는 뜻으로 주는 잔돈을 팁이라고 합니다."

"그게 팁이라는 걸 몰라서 묻는 말인 줄 아냐, 이놈아!"

원택 스님은 큰스님의 노기등등한 기세에 눌려 아무 말 못하고 머리만 숙이고 있었다.

"이 돈은 팁이 아니라 시줏돈이다, 시줏돈. 신도가 너한테 수고했다고 준 돈이 아니라, 스님이 도 닦는 데 쓰라고 시주한 돈이란 말이다. 그걸 팁이라고 하다니 참 걱정스럽다."

큰 실수를 했구나 싶어 원택 스님의 이마에선 식은땀이 흘렀다. 큰스님은 그 모습을 보고 어이가 없는지 혀를 끌끌 찼다.

"절에 있으면 신도들이 더러 시주랍시고 너희들에게 돈을 주고 가는 모양인데, 그건 너의 개인 돈이 아니라 절에 들어온 시주물인 것이다. 그러니 원주에게 주어 절 살림하는 데 보탰어야 하는 것이다. 그리고 시주물 받기를 독화살 피하듯 하라는 옛 스님의 간곡한 말씀이 있으니 앞으로 명심하고 함부로 받지 말거라."

큰스님의 긴 꾸중을 들으면서 원택 스님은 성철 스님이 스스로 마음을 다지며 썼던 발원문을 기억했다.

'시주물은 독화살인 듯 피하고, 부귀와 영화는 원수 보듯 하여…….'

사람인 이상 돈을 싫어할 리 없고 안락한 생활을 싫어할 리 없으련만, 성철 스님은 산문에 들어온 승려들의 생활은 가장 검소하고 근면해야 한다는 가르침을 언제나 몸소 실천했다.

6. 불공이 무엇인가

어떤 도적놈이 나의 가사장삼을 빌려 입고
부처님을 팔아 자꾸 죄만 짓는가

1981년 1월 20일, 성철 스님은 절집에 사는 승려들을 향해서 따끔한 일침을 놓았다.

"누구든지 머리를 깎고 부처님 의복인 가사장삼을 빌려 입고 승려 탈을 쓰고 부처님을 팔아서 먹고사는 사람을 부처님께서는 모두 도적놈이라 했습니다. 우리가 승려가 되어 절에서 살면서 부처님 말씀 그대로를 실행한다는 것은 어려운 일이지만, 그래도 가까이는 가봐야 하고 근처에는 가봐야 할 것입니다. 설사 그렇게는 못한다 하더라도 부처님 말씀의 정반대 방향으로는 가지 않아야 할 것입니다. 나는 자주 이런 이야기를 합니다.

'사람 몸 얻기 어렵고, 불법 만나기 어렵다.'

다행히 사람 몸 얻고 승려가 되었으니 여기서 불법을 성취하여 중생 제도는 못할지언정 도적놈이 되어서야 되겠습니까? 승려들은 염불을 하며 목탁을 칩니다. 목탁이란 본시 법을 전하는 것이 근본 생명입니다. 유교에서도 공자께서 말씀하시기를 "세상의 목탁이 되라."고 하였습니다. 세상에 바른 법을 전하여 세상 사람들이 모두 살게 하라는 것입니다. 부처님 말씀이, 누구든지 나에게 돈을 갖다 놓고 명과 복을 빌려 하지 말고, 너희가 참으로 나를 믿고 따른다면 내 가르침을 실천하라 하셨습니다. 중생을 도와주라는 말입니다. 우리 인간을 한번 생각해 보십시오. 부처님께서는 오직 중생을 도와주는 것이 참으로 불공이요, 이를 행해야만 참으로 내 제자라고 말씀하셨습니다.

나는 요즘 학생들에게 불공하라고 자주 이야기합니다. 학생들은 "우리는 용돈을 타서 쓰는 형편인데, 어떻게 불공을 할 수 있습니까?"라고 말합니다. 그러나 불공은 반드시 돈으로만 하는 것이 아닙니다. 몸과 정신으로, 또 물질적으로 남을 도와주는 것이 모두 불공입니다. 우리가 몸, 마음, 물질 이 세 가지로 불공을 하려고 하면 불공할 것이 세상에 꽉 차 있습니다. 단지 우리가 게을러서, 게으른 병 때문에 못할 뿐입니다. 이렇게 불공하여야만 마침내 성불하는 것입니다.

그러나 한 가지 특별히 주의를 시킵니다. 그것은 자랑하지 말라는 것입니다. 애써 불공해서 남을 도와주고 자랑하면 모두 자신의 불공을 부수어 버리는 것입니다. 불공을 자랑과 자기 선전을 위해 하는 사람이 많습니다. 그것은 불공이 아니라 자기 자랑할 재료를 만드는 것입니다. 그러므로 제가 드릴 말씀은 '남 모르게 도와주어라!' 이것뿐입니다. 예수님도 "오른손이 하는 일을 왼손이 모르게 하라."고 하였습니다."

학생들에게 불공하는 방법을 여러 가지로 예를 들어 가르쳐 주고 있는데, 한 학생이 질문을 했습니다.

"스님은 불공 안 하면서 어째서 우리만 불공하라고 하십니까?"

"나도 지금 불공하고 있잖은가. 불공하는 방법을 가르쳐 주는 것도 불공 아닌가."

불공하는 예를 또 하나 들겠습니다. 20년 전만 해도 서울이나 부산 등 대도시 변두리에는 가난한 사람이 많았습니다. 어떤 분이 그런 사람들에게 양식을 나누어 주고 싶은데, 어떤 방법으로 하면 소문이 안 나고 실천할 수 있겠느냐고 물어 왔습니다.

우선 두어 사람이 그 동네에 가서 배고픈 사람을 대상으로 실태 조사를 하고 명단을 만든 뒤, 또 다른 몇 사람이 그 동네에서 가장 가까운 쌀집에서 쌀을 사고 쌀표를 만들라고 했습니다. 쌀을 지고 다니면 금방 소문이 나버리니, 한 말이든 두 말이든 표시한 쌀표를 쌀집에 가져가면 바로 쌀을 주도록 준비하라고 했습니다. 이런 식으로 하면 사람이 자꾸 바뀌니 어떤 사람이 쌀을 나누어 주는지 모르게 될 것 아닙니까. 또 누가 물어도 "우리는 심부름하는 사람이다."라고만 대답하는 거라고 말입니다. 이렇게 해서 아무도 모르게 불공을 드릴 수 있게 되었습니다.

또 이런 이야기가 있습니다. 어느 동네에 부자노인이 불공을 잘하므로 이웃 청년이 와서 인사를 했습니다.

"참 거룩하십니다. 재산 많은 것도 복인데, 그토록 남을 잘 도와주시니 그런 복이 어디 있습니까?"

"이 고약한 놈! 내가 언제 남을 도왔어? 남을 돕는 것은 귀 울림과 같은 거야. 자기 귀 우는 것을 남이 알 수 있어? 네가 알았는데 좋은 일은 무슨 좋은 일이란 말이냐? 그런 소리 하려거든 다시는 오지 말어."

이것이 실지로 불공하는 정신입니다. 남 돕기도 어렵지만 또 한편으로 보면 남 돕기는 쉬운데 소문 안 내기는 더 어려운 일입니다. 그래서 내가 거듭거듭 말하는 것입니다.

간디 자서전을 보면, 그는 영국에 유학 가서 예수교를 배웠는데 예수교에서는 사람 사랑하는 것을 배우고, 그 후 불교에서는 진리에 눈

떴는데 일체 생명 사랑하는 것을 배웠다고 합니다. 불교는 사람만이 대상이 아닙니다. 일체 중생이 다 그 대상입니다. 불교에서는 사람이고, 짐승이고, 미물이고 할 것 없이 일체 중생이 모두 다 불공의 대상입니다. 다시 말해 일체 중생을 돕는 것이 불공입니다.

가난한 수행자

한여름의 가야산 산책길, 삿갓에 헐렁한 베옷을 입고 키 큰 지팡이를 든 큰스님이 키 작은 나무에서 빨간 열매를 땄다. 삿갓 속에서 환하게 웃으며 스님은 열매를 입에 넣었다. 작은 열매 하나에 가야산의 바람, 햇빛 그리고 나무 향이 배어 있었다. 스님은 한 알의 열매에서 그모든 향기로움을 맛보는 것이었다.

성철 스님은 모든 일상 생활을 검소하게 살았을 뿐만 아니라 소식과 생식을 하기도 했다. 워낙 체격이 큰 체질이어서 필요한 열량이 남보다 많았을 테지만, 평생 아주 간단한 식사만 했다.

큰스님은 반찬에 소금을 넣지 않았다. 반찬 담당 행자가 간을 맞추려고 고생할 필요가 없어서 편할 것 같았지만, 사실은 그렇지도 않았다. 쑥갓 대여섯 줄기, 2~3밀리미터 두께로 썬 당근 다섯 조각, 검은 콩자반 한 숟가락 반이 반찬의 전부였다. 그리고 감자와 당근을 채 썰어 끓이는 국과 어린아이 밥공기만 한 그릇에 담긴 밥이 큰스님 한 끼 공양이었다. 그것뿐인가! 아침 공양은 밥 대신 죽 반 그릇이었고, 사

시 공양이라고 해서 오후 네 시경에 먹는 밥 한 끼가 식사의 전부인 것이다.

그렇게 오랫동안 음식을 익히지 않고 생식을 한데다 너무 적은 양의 음식을 먹다 보니 큰스님은 영양 부족으로 손톱이 물렁물렁해지고 발톱이 휘고 이빨 사이가 저절로 벌어졌다.

1981년 한 해가 저물 무렵 법정 스님이 백련암을 찾아갔다. 성철 스님의 간소한 식탁을 보고 그 까닭을 물었다.

"스님, 그렇게 드셔도 됩니까?"

큰스님은 대답했다.

"내가 먹는 것을 보고 다들 그렇게 묻는데, 식사에만 그런 것이 아니야. 출가하여 수행을 하면서 내 스스로 결심한 것들이 있다네."

"그것이 무엇입니까?"

"수행을 하려면 가난과 혼자 사는 법부터 배워야 한다는 점이지. 생활하려면 입고 먹고 자는 것이 근본인데, 나는 어떠한 일이 있어도 부자 모습을 안 하기로 했어. 그래서 겨울에는 광목 옷, 여름에는 삼베옷을 벗어난 적이 없다네."

"그래도 건강은 생각하셔야죠."

"사람이 안 먹으면 못 살지만, 음식에 사람이 먹히면 그 또한 어찌 되겠는가?"

현대는 패스트푸드와 인스턴트 음식이 넘쳐나고 있다. 건강을 위해 운동은 필수다. 많은 음식을 먹고 또 여러 가지 운동을 한다. 음식에 사람이 먹히는 것을 경고한 성철 스님의 말씀은 현대인의 그릇된 식습관을 되돌아보게 한다.

남을 위한 수행

어둠이 아직 물러가기도 전, 새벽 3시가 안 된 시각. 성철 스님은 벌써 자리를 털고 일어나 옷깃을 여미어 몸가짐을 단정히 한 후 부처님께 절을 올린다.

'일체 중생이 행복하게 해주십시오.'

성철 스님은 매일 새벽 백팔 번 부처님께 기도한다.

성철 스님은 기도하는 법을 가르쳐 주었다.

일체 중생이 행복하게 해 달라고 참회하고 기도하면, 선한 사람에게 선한 결과가 오고 악한 사람에게 악한 결과가 찾아오는 부처님의 원칙에 따라 자연히 자신에게 복이 돌아올 것이다. 그래서 일체 중생이 행복하게 해달라고 기도한 다음에는 그 기도한 공덕이 내게로 오지 말고, 다 중생에게 가게 해달라고 다시 기도하는 것이다.

그래도 혹시 빠진 것이 있어 자신에게로 올까 봐 다시 한 번 모든 공덕이 부처님 법계로 돌아가고 나한테는 하나도 오지 말라고 기도한다.

이것이 인도에서부터 시작하여 중국을 거쳐 신라, 고려에 전해져 내려온 참회법이다. 일체 중생을 대신해서 모든 죄를 참회하고, 일체 중생을 위해 기도하는 것이다. 이것이 참으로 불교를 믿는 사람의 근본 자세이며, 사명이며, 본분이라고 했다. 그것을 성철 스님은 하루도 빠짐없이 실천했다.

이렇게 철저히 남을 위해 기도하고 난 뒤에는 냉수 마찰을 시작했다. 한번 세운 원칙은 꼭 지키는 스님은 1년 365일 그 모든 절차를 하루도 빠짐없이 시행했다. 냉수 마찰 뒤에는 운동을 했는데, 어느 날 제자 한 명이 그 모습을 보게 되었다. 숨까지 가빠 오는 상당히 고난도의 요가 같은 체조였다.

큰스님은 그동안 전래되어 오던 선 체조를 정리해서 매일 빠짐없이 하고 있었다. 선승들은 참선을 하다 보면 머리가 아파 오는 상기병(上氣病:참선을 하면 머리가 아픈 병)이 잘 생긴다. 때문에 스님은 머리를 맑게 해 주는 체조를 스스로 개발하여 매일 실행했다. 맑은 정신으로 하루를 시작하는 것이 성철 스님의 원칙이었던 것이다. 성철 스님은 이렇게 다져진 체력으로 8년 동안 장좌불와를 하며 생식을 했다.

1966년 겨울부터 백련암에서 지내게 된 스님은 여러 스님들을 앞에 두고 출가 정신을 가르쳤다. 스님이 되어 수행하는 사람들에게 출가 정신은 가장 중요한 근본이 되었기 때문이다.

출가(出家)란 말 그대로 '집을 나온다.'는 뜻이다. 집을 버리고,

가정을 버리고, 가족을 등진다는 말이다. 조그마한 가정과 가족을 버리고, 큰 가족인 국가와 사회, 더 나아가 모든 중생들의 정신 세계를 위해 자기를 버리는 것을 뜻한다. 그러니 출가자의 근본 정신은 자기를 완전히 버리는 것에 있다고 할 수 있다. 그러나 세속에서의 명예나 권력, 즐거움과 안락함을 버린다는 것은 결코 쉬운 일이 아닐 것이다.

6·25사변 때 서울에서 대학교수를 지낸 문 박사라는 이가 성철 스님을 찾아왔다.

"스님네는 어째서 개인주의만 합니까? 부모 형제 다 버리고 사회와 국가도 다 버리고 산중에서 참선한다고 가만히 앉아 있으니 혼자만 좋으려고 하는 그것이 개인주의 아니고 무엇입니까?"

성철 스님은 대답했다.

"그래요? 내가 볼 때는 당신이 바로 개인주의요!"

"어째서 그렇습니까? 저는 사회에 살면서 부모 형제 돌보고 사회에 이바지하고 있는데요."

"한 가지 물어 보겠는데, 당신은 오십 평생을 살아오면서 내 부모, 처자 외에 한 번이라도 남을 생각해 본 적이 있습니까? 양심대로 말해 보시오."

그러자 그 사람이 망설이며 대답했다.

"그러고 보니 참으로 순수하게 남을 위해 일해 본 적은 없는 것 같습니다."

"스님네가 부모 형제 버리고 떠난 것은 '작은 가족'을 버리고 '큰 가족'을 위해 살기 위한 것입니다. 이것을 버리고 떠나는 목적이 어디에 있느냐 하면 모든 중생을 평등하게 보기 때문이지요. 그러니까 내 손발을 묶는 처자권속(妻子眷屬:한집안 식구)이라고 하는 것을 끊어 버리고 오직 큰 가족인 일체 중생을 위해 사는 것이 근본입니다. 이것은 내가 만들어 낸 말이 아니고, 팔만대장경판에 씌어 있는 것입니다. 그러니 승려가 출가하는 것은 나 혼자 편안하려고 하는 것이 아니고 더 크고 귀중한 것을 위해 작은 것을 버리는 것입니다. 그래서 결국에는 무소유(無所有)가 되어 마음의 눈을 뜨고 일체 중생을 품 안에 안을 수 있게 되는 거지요."

성철 스님의 말이 끝나자 그 사람은 고개를 끄덕거렸다.

"제 생각이 짧았습니다."

출가자가 자기를 가장 중요하게 여기면 온갖 부정과 갈등과 분쟁이 생기게 마련이다. 그러니 자기를 버리고 다른 모든 것을 위해 사는 정신으로 불교를 배우고 펼치는 것이 불교의 근본 사상이자 출가자의 정신이라고 성철 스님은 말했다.

성철 스님은 스님들이 모인 자리에서 자주 이런 말을 했다.

"스님은 개인주의여서는 안 됩니다."

출가의 목적은 참으로 큰 활동을 하기 위해 세속을 버리는 것이다.

스님들이 세속을 버리고 사는 근본 목적은 부처가 되어 모든 사람을 위해 살기 위한 것이다.

곧 스님들이 자기를 위해 수행하고 자기를 위해 깨닫게 된다면 그것은 바른 길이 아니라는 것이다. 수행도 남을 위해 하고, 수행을 마치고 난 다음의 생활도 남을 위해 하는 것이 불교의 시작이자 마지막이라고 했다.

큰스님의 원칙은 그 어떤 일에서라도 흐트러짐이 없었다.

어느 해 식목일에도 스님의 가르침에 어긋나는 일이 벌어졌다. 여러 스님들과 마을 사람들이 모여 가야산에 나무를 심고 있었다. 점심때가 안 됐지만 젊은 스님들은 배가 몹시 고프고 목이 말라 너나 할 것 없이 먹을 것을 찾았다. 그때 한 젊은 스님이 백련암에 불공하고 남은 떡이 있다는 것을 기억해 냈다. 그리고 얼른 뛰어가 떡을 가지고 올라왔다. 스님들은 모두 떡을 둘러싸고 모여 앉아 맛있게 먹고 있었다. 그때 귓가에 우레와 같은 호통이 떨어졌다. 화들짝 놀라 돌아보니 성철 스님이 무서운 얼굴로 서 있었다.

"수행자들이 하루 세 끼면 족하지, 간식은 왜 하는 것이냐? 잘 먹고 잘 산다면 어찌 수행자라고 할 수 있겠느냐? 또 먹을 것이 있다면 마을 사람들에게 먼저 나누어 주어야 수행자의 도리가 아니더냐?"

떡을 한 입씩 베어 문 스님들은 부끄러움에 얼굴을 붉힌 채 아무 말도 못하고 있었다. 성철 스님이 다시 큰소리로 꾸짖었다.

"어서 그 떡을 마을 사람들에게 나누어 주라니까!"

꿀 먹은 벙어리가 된 스님들은 떡을 들고 마을로 내려갔다. 젊은 스님 몇이 산을 내려가는 모습을 보고 성철 스님은 언제 화를 냈냐는 듯이 정성들여 나무를 심었다.

7. 봉암사의 혁신

봉암사 결사

조선조 동안 이어져 온 숭유억불 정책과 일제 시대를 거치면서 우리나라의 불교는 소수의 사람만이 전통적인 민간 신앙과 더불어 복을 비는 형태로 남아 있었다. 그 때문에 승려는 수행과 경전 연구보다는 신도들을 대신하여 복을 빌어 주는 역할에 머물러 있는 경우가 많았다. 스님들 스스로 이래서는 안 된다는 생각은 가지고 있었지만, 뜻이 맞는 사람들끼리 결집되지 않아 오랫동안 대중들로부터 진정한 대접을 받지 못한 채 불교가 타락하는 것을 어찌지 못하고 방관하고 있었다.

성철 스님은 그래서 오랜 수행과 공부 끝에 어떻게 하면 불교계를 바로잡을 수 있을지 방향을 잡게 되었다. 이즈음 성철 스님은 청담 스님과 도반의 우의를 다졌다.

청담 스님과 성철 스님은 수덕사에서 처음 만났다. 청담 스님이 만공 스님, 용운 스님과 앉아서 얘기를 하고 있는데 밖에서 누가 오는 기척이 났다.

잠시 후, 용운 스님이 문구멍으로 내다보더니 말했다.

"아! 저 괴각쟁이(괴짜), 괴각쟁이 온다!"

성철 스님의 괄괄한 성격은 유명했다. 그 소문을 익히 들어 온 청담 스님은 '괴각쟁이라고 하는 것을 보니 인간이 되려는 사람인가 보다' 하는 생각이 들었다고 한다. 만공 스님께 인사를 드리고 물러 나오는 길에 성철 스님과 얘기를 몇 마디 나누어 본 청담 스님은 단번에 '괴각쟁이끼리 뜻이 딱 맞는다는 생각이 들었다. 첫 만남에서부터 의기가 투합해 10년 전부터 아는 사이처럼 느껴졌다.'고 한다.

그렇게 서로에게서 깊은 우정을 느낀 두 스님은 함께 한국 불교의 내일을 두고 머리를 맞대고 장시간 토론을 벌이곤 했다.

"청담 스님, 우리 불교가 이래서야 되겠습니까?"

"맞습니다. 어디를 가도 부처님 법이 제대로 통하고 있지를 않습니다."

"지금 같은 시대에 부처님 당시처럼 살아갈 수 있는 길을 찾아봅시다."

"그렇습니다. 짚신 신고 무명옷 입고 최대한 검소한 생활을 해야 합니다. 그렇게 함으로써 말 없는 가운데 수행의 경지를 풍길 수 있는 승려가 되어야 합니다."

이런 뜻을 나누며 밤을 새기도 했다. 많은 논의를 거치는 과정에서 두 스님은 역할을 나누었다. 성철 스님은 종단 일에 직접 참여하지 않고 '참된 중은 그래야 마땅하다.'는 어떤 정신적인 모범을 보여 주었고, 반면 청담 스님은 직접 종교계의 정화를 위해 일선에 뛰어들어 온 갖 굳은 일을 도맡아했다.

그리고 드디어 1947년 한국 불교의 바른 자리를 다잡기 위한 결사의 장소를 물색하다 경북 문경 봉암사로 정했다.

당시 봉암사는 초라한 절이었지만, 거대한 바위산인 회양산 자락 양지 바른 명당에 자리 잡고 있었다. 불행한 시대에 불행한 승려 생활을 했던 스님들은 선풍의 불씨가 꺼지지 않고 이어져 온 이곳 봉암사로 모였다. 이곳은 지금도 조계종 특별 종립선원으로 참선하는 스님들만 모여 사는 곳이다. 일반인은 '부처님 오신 날' 같은 아주 특별한 경우를 제외하곤 들어갈 수가 없다. 오직 불국정토를 이루기 위해 모여든 스님들은 위풍당당한 바위산에서 절개와 단호함을 배웠다.

처음 결사를 시작했을 때는 성철 스님 외에 우봉, 보문, 자운 스님까지 모두 네 명에 불과했다. 청담 스님은 해인사에서 가야총림의 틀을 잡느라 바빠 '결사'의 약속까지 해놓고 합류하지 못했다. 그러나 그 뒤를 이어 이 나라의 불교계를 이끌어 나갈 스님들이 속속 회양산 자락으로 찾아왔다. 향곡, 월산, 종수 스님에 이어 당시엔 젊은 축이었던 도우, 보경, 혜암, 법전, 성수 스님 등이 모여들었다. 그렇게 20여 명의 스님들이 3년을 같이 살았다.

성철 스님은 모여 앉은 사람들을 향해 목청을 높였다.

"법당 정리부터 먼저 합시다."

다른 스님들도 그 말이 무슨 뜻인지 알고 고개를 끄덕거렸다.

"우리가 알고 있는 절들을 다 돌아보면 큰 문제가 있는 것을 알 수 있습니다. 간판은 불교인데 진짜 불교가 아니란 말씀입니다. 저기 보십시오. 저 법당 벽에 걸려 있는 탱화가 무슨 탱화입니까. 칠성탱화, 산신탱화, 신장탱화 아닙니까?"

탱화란 그림으로 그려서 벽에 거는 불상을 말한다. 그러니 부처님과 그 제자가 아닌 칠성장군과 산신, 신장 같은 것은 부처님과 나란히 걸려 있을 수 없다는 것이다. 스님들은 당장에 벽에 걸린 탱화들부터 끌어내렸다.

당시만 해도 토속 신앙과 불교가 한데 엉켜 구분이 잘 안 될 정도였다. 법당의 풍경 역시 그랬는데, 봉암사 결사에서 비로소 요즘 우리나라 조계종 사찰에서 볼 수 있는 형식의 법당이 차려진 셈이다.

다음은 불공이었다. 불공이란 원래 불심을 가진 개인 스스로가 성심껏 기도하고 염불하는 것이지, 중간에서 스님들이 목탁을 치며 축원해

주는 것이 아니라고 결정한 것이다. 성철 스님은 이 불공에 대해서 결정한 바를 신도들에게 전했다.

"꼭 부처님께 정성 드리고 싶은 신심 있는 사람은 자기 스스로 물자를 갖다 놓고 절하십시오. 불공이란 우리 같은 중이 중간에서 삯꾼 노릇을 하는 게 아닙니다."

이후부터는 신도들 스스로가 불공을 올리게 했다. 지위가 높고 낮음도 가리지 않았고, 재산이 많고 적음도 가리지 않았다. 찾아오는 신도들은 모두 부엌에서 직접 밥을 지어 불전에 공양하게 했다. 그랬더니 얼마 안 가 불공 드려 달라는 사람이 그만 떨어져 버리고 말았다.

당시 절에는 칠성기도라 하여 소원을 비는 불공이 많았는데, 봉암사에선 스님들이 목탁 치며 축원을 해 주지 않자 아무도 찾아오지 않게 된 것이다. 같은 맥락에서 영가천도(靈駕薦度 : 죽은 사람의 넋을 인도하는 제례)도 문제가 되었다.

"부처님 말씀에 누가 죽으면 사십구재를 지내는데 경전 읽어 주라고 했지, 북 두드리고 바라춤 추라는 말은 없거든. 그런데 우리가 봉암사에 들어가니 마침 사십구재하는 사람이 있는 거라. 그래서 우리가 '경은 읽어 주겠지만 그 이외에는 해줄 수 없소.' 하니, 그 사람이 '그러면 안 할 겁니다.' 하면서 '그러면 재도 안 하면 스님들은 뭘 먹고 어떻게 살지요?' 라고 하는 거야. 그래서 우리는 '산에 가면 솔잎

꽉 찼고 개울에 물 철철 흘러가니, 우리 사는 것 걱정하지 마이소.' 하고 돌려보냈지."

기도 또한 자신이 직접 해야지 승려에게 부탁해서는 공덕이 되지 않는다며 불공 드리는 신도들로 하여금 삼천 배를 하게 했다.

간단히 말해 당시까지 스님들이 먹고사는 방편이었던 모든 행위를 금지한 것이다. 대신 부처님이 가르친 호구지책, 즉 탁발(托鉢:집집마다 돌아다니며 식량을 구하는 것)을 해서 최소한의 식량을 구하기로 했다. 이어 가사, 장삼, 바리때(밥그릇) 등도 모두 바로잡을 대상들이었다.

"부처님 법에 바리때는 쇠로 하든지 질그릇으로 해야 하는 거라. 나무로 된 바리때는 안 되지. 가사, 장삼도 비단으로 못하게 가르쳤는데 당시에는 전부 비단으로 해 입었어. 색깔도 괴색(壞色)을 해야 하는데 전부 벌겋게 해가지고…… . 전부 부처님 가르침이 아닌 거라. 그래서 비단으로 된 가사, 장삼 그리고 나무 바리때까지 싹 다 모아 가지고 탕탕 부수고 칼로 싹싹 잘라 마당에 내놓고 내 손으로 싹 다 불 질러 버렸지."

봉암사 결사는 이처럼 부처님 법대로만 살아 보자는 성철 스님과 도반(함께 구도의 길을 가는 동료)들의 뜨거운 구도열로 출발했다.

부처님 가르침대로
경북 문경 봉암사에 모인 스님 일행은 '부처님의 가르침에 따라' 모든 것을 새로 만들었다. 구한말에서 일제 시대를 거치면서 억불 정책과 왜색불교 때문에 승복은 통일된 것 없이 제각각이었다. 성철 스님은 비단으로 만든 붉은 가사들을 모두 벗어서 함께 태웠다. 그리고 스님들이 평소 입는 장삼도 마찬가지였다. 성철 스님은 오래전에 송광사에서 본 적이 있는 보조 스님의 장삼을 기억해 냈다. 양공(바느질하는 소임)을 맡은 자운 스님은 송광사에 가서 보조 스님의 장삼을 자세히 살펴보고 모양과 천의 재질, 색깔을 그대로 적어 왔다.

그리고 스님들이 직접 불교의 가르침에 맞는 괴색 가사를 만들었다. 괴색은 청, 황, 적의 3종을 섞어 만드는 것이다. 누런 광목에 먼저 노랑 물을 들이고 빨강 물을 들인 뒤에 마지막으로 파랑 물을 들이는데, 이것을 직접 손으로 밤새도록 주무르고 가마솥에 삶고 하여 괴색을 만들었다.

그리고 바리때도 나무로 만든 것을 전부 깨부수었다. 그러자 당장 바리때를 대신할 게 없어 처음에는 양재기에 밥을 담아 여럿이 같이 먹었다. 차차 옹기점에 가서 옹기를 맞춰 쓰게 되었다.

조계종 스님들이 입는 장삼과 괴색 가사가 바로 그때 바뀐 것들이다. 보조국사의 장삼은 6·25 때 불타 재가 되었다. 이 밖에 육환장(고리가 여섯 개 달린 지팡이)도 만들고 삿갓도 쓰기 시작했다.

식생활도 마찬가지였다. 세속에 사는 보통 사람들과 다름없던 세 끼 식사를 불교의 가르침에 따라 바꾸었다. 먼저 아침에는 꼭 죽을 먹었고, 점심은 사시(巳時:오전 10~12시)에 맞춰 먹었다. 저녁 끼니는 약석(藥石)이라고 해서 아주 조금 먹었다. 원래 인도의 율장에서는 '오후 불식(不食)'이라고 해서 아무것도 먹지 않도록 규정하고 있다.

그러나 중국 불교에서는 참선하는 데 너무 기운이 없으면 안 되므로 약(藥) 삼아 조금만 먹도록 허용하고 있다. 성철 스님 일행은 현실에 맞추어 중국의 규율을 택한 것이다.

자운 스님이 계율을 열심히 공부해 부처님의 가르침에 맞는 여러 방안을 제시했다. 사실상 사라진 전통인 포살(布薩)도 되살렸다. 포살은 사찰 내에 사는 모든 스님들이 보름에 한 번씩 모여앉아 자신의 잘못을 스스로 고백하고 비판받고 참회하는 제도다. 지금도 선방에서는 포살을 하는데, 봉암사에서 비롯된 것이나 마찬가지다.

그렇게 해서 그때까지 내려오던 거의 모든 불교계의 내규를 다 바꾸어 놓은 것이다. 불교계에서는 봉암사의 결사를 일종의 혁명으로 받아들였다. 그런 중에 제일 어려운 것이 무엇이든 스스로 전부 해결해야 한다는 것이었다.

'하루 일하지 않으면 하루 먹지 않는다.'

백장 스님의 법규를 따른 것이다. 백장 스님은 720년부터 814년까지 중국에서 살았던 분으로 스님들의 법규를 정한 분이다. 하루 일하지 않으면 하루 밥 먹지 말라는 내용이 그 법규 안에 들어 있다. 성철 스님과 그 도반들은 수행에 열중하는 시간 외에는 이른 아침부터 마당을 청소하고 빨래하고, 나무를 하고, 논밭 농사를 지었다. 간혹 제자 스님들이 꾀를 부리면 꾸짖었다.

"중도 사람이니 땀 흘려 노동하지 않으면 밥을 먹지 마라!"

노동자를 가리켜 땀 흘리는 부처라고 말하기도 했다.

그리고 탁발을 하기로 했다. 음식을 보시하는 이에게는 보시의 공덕을 돌리고 탁발하는 승려에게는 자기 자신만을 위하는 아집을 없애는 수행의 한 방편이었다. 그와 동시에 승려는 보시 받은 음식을 다른 가난한 이들에게 돌려줌으로써 자비를 실천하기도 했다.

밭에 나가 공동 노동으로 힘을 쏟고 탁발을 다니며 음식을 모으고 밤이면 피곤한 몸을 이끌고 참선을 해야 했다.

이렇게 봉암사에선 결사한 스님들 스스로가 헤쳐 나가야 했다. 원칙대로 하자니 하나도 쉬운 것이 없었다.

스님들의 일상사를 대충 정리하고 나서 착수한 것이 신도들과의 관계 정립이다. 조선왕조 500년 동안 천민 취급을 받아 온 승려들은 당시까지만 해도 반말의 대상이었다. 일제 시대가 끝난 시점임에도 불구하고 보통 사람들은 누구나 스님들을 '야!' 하고 불렀다. 성철 스님은 절 내부의 혁신도 필요하지만 신도들과의 관계도 재정립이 필요하다고 생각했다. 그래서 보살계를 정리하기로 했다. 보살계란 재가불자, 즉 신도들이 지켜야 하는 계율이다. 율장 연구를 맡았던 자운 스님이 보살계를 정리하고 가르쳤다.

"스님은 부처님 법을 전하는 신도들의 스승이고, 신도는 스님한테서 법을 배우는 제자다. 법이 거꾸로 되어도 분수가 있지. 스승이 제자 보고 절하는 법이 어디 있는가?"

신도들을 모아 놓고 성철 스님은 호령을 했다.

"조선 500년 동안 불교가 망하다 보니 그렇게 되었는데, 그것은 부처님 법이 아니야! 부처님 법에 언제나 스님네한테 절을 세 번 하게 되어 있어. 그러니 부처님 법대로 스님들에게 절 세 번 하려면 여기 다니고, 부처님 법대로 하기 싫으면 오지 마라!"

신도들은 그 가르침에 따라 일어나서 세 번씩 절을 했다. 신도가 스님들 보고 절을 세 번 한 것은 근세 이후, 적어도 조선 왕조 이후로는 당시가 처음이었다.

봉암사에서의 엄격한 수행

백련암에서 내려오는 수풀 우거진 산길을 성철 스님의 상좌 중 한 분인 원용 스님이 걷고 있었다. 이 길은 성철 스님이 알고 있던 유일한 길이었다. 높고 가파르며 외길 외에 다른 길이 없는. 원용 스님은 평생 이 길만을 오고 간 성철 스님의 발자취를 떠올리며 천천히 걸었다. 성철 스님은 조계종의 최고 어른 자리인 종정의 자리에 올랐을 때도 취임식을 연 서울로 가지 않았다. 세속의 온갖 자리에서 스님을 모셔 가려고 해도 산승은 산에 머물러야 하며 선승은 선방에 머물러야 한다며 바위처럼 꼼짝하지 않았던 성철 스님의 모습이 산모롱이를 돌면 금방이라도 나타날 것 같았다.

원용 스님은 봉암결사의 주역들인 도우 스님, 법전 스님에게서 결사의 나날에 대해 자주 듣곤 했다.

봉암결사가 얼마나 엄격하고 힘들었는지는 당시 같이 살았던 노스님들로부터 거듭 확인된다. 도우 스님은 1943년 법주사 부속 복천암에서 성철 스님을 처음 만나 결사에 동참했던 분이다. 도우 스님은 말했다.

"해인사에서 총림을 만든다고 고군분투하던 청담 스님이 1948년 봄에 봉암사로 합류했지요. 성철 스님과 청담 스님은 마음을 합쳐 불교의 기틀을 잡는 일에 추진력을 더했어요. 현 조계종의 기틀이 그때 다 잡혔다고 해도 과언이 아닙니다. '부처님 가르침대로'를 고집하는 성철 스님은 참으로 무서웠지요."

성철 스님은 봉암사에서도 계속 생식을 했다. 쌀 두 홉을 물에 담가 두었다가 일절 간도 하지 않고 찬도 없이 씹어 먹었다. 그리고 이불을 펴거나 목침을 베고 자는 일도 전혀 없었다.

그렇게 원칙을 따르고 용맹정진하는 성철 스님이었으니 다른 도반들에게도 그만큼 엄격하지 않을 수 없었다.

"마음속 저 밑바닥에 있는 티끌만한 자존심까지 확 뒤집어 버리는 거예요. 저녁에 앉아서 정진하고 있으면 성철 스님이 들어와 몇 마디

묻곤 했습니다. 제대로 대답을 못하면 성철 스님은 벽력같은 소리를 지르며 멱살을 잡고는 방망이로 사정없이 두들겨 팼습니다. 나도 혹독하게 몇 번 맞았지요. 그게 다 분심을 일으켜서 더욱 정진하라는 다그침이었지요."

법전 스님은 전남 장성의 고찰 백양사에서 하안거를 마치고 가야산 해인사에 가려던 중 잠시 들른 봉암사에서 결사에 가담하게 된 연유를 회상했다. 당시 20대 초반 청년의 몸으로 한창 구도열에 불타 올랐던 법전 스님은 봉암사 스님들의 전혀 다른 수행 방식을 보고 감동하게 되었다. 첫눈에 보기에 장삼부터 달랐다. 법전 스님은 입고 있던 장삼 가사를 흔쾌히 벗어 던지고 색깔이나 천과 모양이 색다른 장삼과 가사를 입었다.

봉암사 스님들은 보조국사의 장삼을 본떠 만든 괴색 장삼을 '보조장삼'이라 불렀다. 법전 스님은 봉암사 스님들의 열렬한 구도열에 감복하여 결사의 취지에 공감하기 시작했다.

"봉암사 스님들이 생활하는 모습을 보니, 어찌나 바르던지……. 나도 그렇게 살고 싶어 같이 간 도반에게 여기서 같이 사는 것이 어떻겠느냐고 물었지요. 그 스님은 규칙이 까다로워 못 살겠다고 하더군요. 그래서 예정대로 해인사로 가겠다는 그 스님과 헤어지기로 했지요."

손님맞이 소임을 맡고 있던 스님에게 여기서 머물고 싶다고 하자 성철 스님을 뵈어야 한다고 했다. 일종의 면접이었다.

당시 성철 스님은 주지실 옆 작은방을 사용하고 있었다.

성철 스님과 마주앉았을 때 법전 스님은 내심 놀랐다. 해맑고 웃음 띤 성철 스님의 얼굴은, 소문으로만 듣던 선입견을 뒤엎었다.

"이곳은 다른 곳과는 다를 걸세. 일도 많고 규칙도 까다롭지. 고된 수행을 할 수 있겠나."

법전 스님의 결심을 확인하는 성철 스님의 눈빛은 웃음 띤 얼굴 속에서 꿰뚫을 듯이 번뜩였다.

법전 스님은 이번 기회를 놓치면 언제 다시 지극한 수행을 할 수 있게 될지 모른다며 꼭 다른 스님들처럼 열심히 수행하고 싶다고 다짐했다.

"제대로 하지 못하면 당장 쫓겨날 것이니 각오하고 시작하시오"

봉암사 생활은 법전 스님에게는 그전에는 전혀 해보지 않은 판이하게 다른 생활이었다. 보통 사람으로서도 상식적으로 이해가 안 되는 일도 많았다. 성철 스님은 지나가다가 다른 스님이 앉아서 조는 모습을 보면 버럭 고함을 지르기도 하고, 자꾸만 졸면 아예 몽둥이로 내려치기도 했다. 그러나 젊은 스님들이 일은 일대로 하고 먹을 것은 모자라고, 그리고도 수행을 해야 하니 얼마나 피곤했겠는가. 그렇게 쉴 수 있는 시간이 없기에 오히려 딴생각을 할 수가 없었다. 화두일념(話頭一念)하지 않으면 배길 수가 없던 시절이었다.

밭 매고, 나무하고, 탁발하고, 지친 몸으로 밤을 새워 가며 참선 공부했던 시절. 법전 스님은 지금도 그때를 그리워한다.

"그래도 그때는 그렇게 힘들게 살 사람이 있었지요. 만약 요새 그렇게 살라고 한다면 아무도 하지 않을 겁니다. 모두 '걸음아, 날 살려라.' 하고 도망칠 테지요."

법전 스님은 백련암 경내의 꽃들과 성철 스님의 손때 묻은 책들을 바라보며 아련히 추억에 젖었다.

깨닫기 전에는 눕지 않겠다

성철 스님은 오래전 하루 스물네 시간을 눕지 않고 앉아서 보낸 적이 있었다. 바로 문경 대승사와 봉암사에서 보낸 8년 장좌불와의 시기다. 도를 깨닫기 전에는 결코 자리에 편안히 눕지 않겠다고 스스로 결심했다.

보통 사람은 따라갈 수조차 없는 초인적인 수행이었다. 음식조차 생식을 하였다. 생쌀과 생 채소 조금만 먹고 계속 앉아 정진을 하는 것이다.

스님의 수행은 많은 사람들을 감동시키고 존경심을 불러일으켰다. 몰래 문구멍으로 살펴보는 사람도 있었지만, 스님은 고개 하나 까딱하지 않고 앉아 있어서 엿본 사람이 죄책감을 느끼고 말 정도였다.

그러나 눕지 않는 날이 계속되자 성철 스님은 몸이 아프기 시작했다. 불덩이 같은 열기가 일어나 고통스럽기 그지없었다. 주위에서는 몸이 회복될 때까지만이라도 좌선을 풀 것을 권했지만, 스님은 깨닫기 위해서는 몸을 버려도 좋다, 죽음과 깨달음을 바꾸겠다는 태도로 꿈쩍도 하지 않았다. 도우 스님은 보다 못해 앉아 있는 성철 스님을 이불로 감싸 땀을 흘리게 했다.

그로부터 8년이 지난 어느 여름날, 스님은 마침내 좌선을 풀었다. 그리고 법상 위에 올라가 깨달음을 전하는 최초의 설법을 하였다.

성철 스님의 이러한 수행은 지금까지도 참선하는 모든 스님들에게 모범이 되고 있다. 그래서 많은 스님들이 성철 스님에게 수행 방법을 물어 왔다. 그러나 성철 스님은 다른 승려들에게는 장좌불와를 권하지 않았다. 너무나 큰 고통이 따르기 때문이다.

원칙대로 참선을 하되 건강에 조심할 것을 주의시켰다. 그리고 수행하는 방법도 일일이 자세하게 가르쳐 주었다.

성전암 10년

대구 파계사에서 팔공산 산길을 타고 20여 분 더 올라가면 산 중턱에 성전암이 있다. 성전암은 조선 선조 때 헌응 스님이 지은 암자이다. 1955년 성철 스님은 책을 꾸려서 이곳으로 왔다. 맑은 여름날, 하늘 높이 치솟으며 뾰로로롱 우는 종달새를 보고, 산등성이에 올라 멀리 흐르는 푸른 강줄기를 바라보며 땀을 식히고 일주문에 들어섰다. 그리고 10년 동안 그 일주문을 나서지 않았다.

동구불출(洞口不出:일주문 밖을 나가지 않는 생활) 10년. 성철 스님은 당시 격동하던 불교계의 흐름을 어떻게 바른 길로 이끌 것인가, 내부의 개혁을 완성하기 위해 기나긴 침잠의 시기에 들어갔다. 성철 스님은 암자 주위에 철조망을 쳐 스스로 외부와 단절시켰다. 길고 긴 정진에 몰입한 것이다. 당시 큰스님을 모시는 고생을 감내한 분 역시 법전, 천제 두 스님이다. 천제 스님은 이렇게 회고했다.

"1954년에 불교 정화 운동이 막 시작되었을 무렵, 한국 불교를 누구보다 많이 걱정하던 청담 스님이 성철 스님에게 같이 정화 운동을 하자고 권했지요. 그렇지만 성철 스님은 '그 일은 청담 스님에게 맡긴다.'며 정중히 사양했습니다. 불교 행정에 관한 일은 청담 스님에게 맡기고, 성철 스님 본인은 수행에 전념하겠다는 뜻이지요."

성철 스님의 개혁은 오히려 더 근본적이고 철저했다.

성철 스님은 불교계의 개혁이 이루어지는 내내 자신은 수행에만 전념했다. 그러나 개혁의 원칙을 알리는 데는 주저하지 않았다.

"전 재산을 모두 사회에 내주고 승려는 걸식하며 수행하는 데만 힘써야 한다."

"정화란 안으로부터의 정진력을 키우는 내실을 기하면서 이루어져야지, 자기편을 늘려 사찰을 뺏는 싸움을 벌이는 식이 되면 '묵은 도둑 쫓아내고 새 도둑 만드는 꼴'이 된다."

"정화란 자신을 닦는 데서부터 시작한다. 절 재산을 모두 사회에 환원하고 비구인 우리는 걸식을 하며 수행해야 한다. 내가 평생 중 노릇을 잘하면 다들 따라오겠지만, 그렇지 못하고 외부의 물리력을 동원하려고 해서는 안 된다."

결국 성철 스님의 수행은 자신이 말한 바를 전혀 부끄러움 없도록 직접 실천해 보이고자 한 것이다.

이런 자세에도 불구하고 성철 스님의 법명이 널리 알려지자 조계종에서는 1955년 일방적으로 성철 스님을 해인사 주지에 임명했다. 성전암으로 옮길 당시의 사정을 가장 잘 아는 사람은 원로회의 의장인 법전 스님이다.

"천제굴에서 성전암으로 갈 때는 내가 다 했지요. 그때 성전에 집이 있기는 있었는데, 다 헐고 썩어서 들어갈 수가 없었지요. 그래서 집을 새로 지어 성철 스님을 모셔왔어요. 큰스님은 그곳에서 10년이나 일주문 밖으로 나가지 않으면서 수행자의 참모습을 확립했습니다."

법전 스님은 집을 지어 성철 스님을 모시고 자신은 이곳저곳을 떠돌며 수행에 전념했다. 대신 성철 스님을 모신 사람이 맏상좌인 천제 스님이다.

"성철 스님은 수행자의 본모습에 충실하기 위해 먼저 암자 주변에 가시 울타리와 철조망을 둘렀고, 세속의 요청을 일절 거절했습니다. 해인사를 둘러싸고 비구승(독신 승려)과 대처승(결혼한 승려)들이 싸우면서 서로 성철 스님을 주지로 모셔가려고 했는데, 큰스님은 '아직은 때가 무르익지 않았고, 인연이 닿지 않았다.'며 거절했습니다."

성철 스님이 성전암에 와 있는 사실이 알려지자 많은 신도들이 찾아왔다. 그러나 성철 스님은 신도들이 부처님을 찾지 않고 수도 중인 승려를 찾아오는 것은 옳지 않다 하여 찾아오는 사람을 피해 산 속으로 들어가 버리기도 했다.

어느 날은 이곳에 성철 스님의 속가의 아내인 남산댁이 찾아온 일도 있었다. 멀찍이서 내다보니 한 여인이 서성거리고 있는데, 그 여인이

누구인지 성철 스님이 알아보았다. 그래서 몸을 숨기고 천제 스님에게 그 여인을 쫓아내라고 했다.

"이곳은 속가의 여인이 올 데가 아닙니다. 돌아가 주십시오."

천제 스님은 정중하게 말씀드렸다. 그런데 잠시 뒤에 보니 철조망을 뚫고 그 여인이 다시 들어와 있는 것을 발견하고 성철 스님은 호통을 쳤다. 천제 스님은 거의 그 여인을 끌다시피 하여 산 아래 마을까지 쫓아내고 돌아왔다. 그로부터 한참 뒤에 성철 스님의 속가의 아버지가 돌아가셨을 때 성철 스님 대신 문상을 갔던 천제 스님은 그곳에서 그 여인을 알아보고 미안한 마음이었다고 한다.

그러나 가시 울타리를 두르고 철조망을 둘러쳐도 성철 스님의 법문을 들으려고 먼 곳에서 찾아오는 신도들이 끊이지 않았다. 그래서 신도들의 집중 수련 기간이 시작되는 날과 마치는 날을 정해 그날만은 신도들에게 법어를 들려주었고, 그 이외에는 신도들은 물론이고 스님들의 출입 또한 일절 금했다. 성전암의 문을 여는 날에도 일반 신도들의 경우 서울이나 부산 등 먼 곳에서 일부러 찾아오는 사람만 만났다. 가까운 대구에서 오는 사람이나 큰절에 속해 있는 사람들은 출입을 허락하지 않았다.

어느 날, 신도들이 조심스럽게 의논했습니다. 뵙기 힘든 스님인데 생신을 맞았으니 상을 차려 드리자고 의견이 모아졌다. 그래서 행여 성철 스님이 미리 알아챌까 봐 조심조심 생신상을 차려 갖다 드렸다. 그런데 성철 스님이 두말없이 상째로 던져 버렸다. 그리고 당황한 신도들을 향해 소리쳤다.

"출가한 수행자에게 무슨 생일이 있느냐."

출가하여 승려복을 입은 사람은 산문에 들어선 순간이 이 세상에 육신을 빌어 나온 날보다 훨씬 귀하다는 뜻이었다. 성철 스님은 평생 생신상을 받지 않았다.

신도들을 그렇게 구박하니 그렇지 않아도 어려운 절 살림이 더욱 어려워질 수밖에 없었다. 그런 어려운 살림도 모르고 큰스님은 성전암에 은거하면서 불교의 교리를 현대인들이 이해할 수 있도록 정리하는 일에 많은 시간을 할애했다. 범어(인도어)로 쓰인 원래의 경전과 한문으로 된 경전을 비교해서 정확한 해석을 내리기도 했다. 그 과정에서 대학에서 연구하는 불교학 교수들보다도 앞선 경전 해석을 보이기도 했고 불교 철학과 관련된 물리학, 열역학, 수학 분야까지 파고들었다.

스님의 방대한 서적들

성철 스님은 뒷날 다른 어떤 스님들보다 다양하고 많은 예를 들어 신도들에게 법문을 들려주었다. 그것은 스님이 아끼는 방대한 양의 서적을 철저히 읽고 완벽히 소화해 낸 덕분이었다.

참선을 강조하느라 늘 "책 읽지 마라."고 가르쳤던 성철 스님은 책을 아끼는 장서가이자 독서광이었다. 성전암에서 철조망을 두르고 수행과 책읽기에 몰두한 성철 스님은 많은 책들 때문에 다른 절로 옮길 때마다 한바탕 소란을 겪어야 했다.

백련암에 자리 잡고서는 아예 '장경각'이란 건물을 지어 서고로 사용해야 할 정도로 책이 많았고, 큰스님은 그 어느 한 권도 소홀히 대하지 않았다. 그 많은 책들을 1년에 두 번씩 바람을 쏘이며 소중히 했고 평생토록 가까이 두었다.

성철 스님이 대규모의 장서를 갖게 된 것은 1947년 봉암사 결사를 시작하기 직전 경남 양산 내원사에 머물 무렵이었다. 어느 날 성철 스님과 절친한 도반 청담 스님이 해인사에서 보내 온 편지가 도착했다.

"서울 사는 김병용이라는 거사(居士:남자 불교 신도의 존칭)가 한 분 있는데, 경전에도 밝고 어록(語錄:선사들의 말씀을 기록해 놓은 책)에도 밝다고 합니다. 그 거사가 '나보다 불전(佛典)에 밝은 스님이 오면 경전과 어록들을 다 주겠다.'고 한다니 스님이 나와 함께 가서 그를 한번 만나 보시지요."

편지에는 그 외에도 김병용이라는 거사가 대장경뿐만 아니라 중국에서 발간된 선종 어록 등 3,000여 권의 희귀한 불교 관련 서적, 그리고 일부 목판본까지 소장하고 있는데, 그것을 기증할 고승을 찾고 있다는 내용이 실려 있었다.

김병용 거사는 충북 충주에 살던 천석꾼이었다. 그는 오랜 세월 동안 불교에 심취한 선친이 모아 놓은 불교 서적들을 자신도 열심히 읽었다. 그리고 자신도 신앙심이 깊어져 더욱더 많은 책을 사들였다. 그런데 거사는 자꾸 읽을수록 이 책들을 자신이 갖고 있을 게 아니라 우리나라의 불교를 부흥시킬 수 있는 스님을 찾아 시주해야겠다는 생각이 들었다. 그래야 책도 살고 불교도 살아날 것이라는 믿음이 생겼다. 시대가 시대인 만큼 스님들조차 이런 책을 구해 보기란 무척 어려운 일이었다. 그래서 김 거사는 수행도 높고 학식도 풍부한 스님을 직접 찾아내기로 마음먹었다.

김 거사는 전국의 이름난 고찰들을 돌아다녔다. 그리고 참배를 마치면 스님들과 마주 앉아 불교의 교리에 관한 이런저런 문답을 주고받았다. 그러나 웬만큼 돌아보았는데도 마땅한 스님을 못 찾던 중 청담 스님과 성철 스님을 소개받게 되었다.

성철 스님과 청담 스님은 오래전부터 불교의 미래를 위해서는 승가의 교육이 꼭 필요하다고 생각했고, 교육과 수행 등 모든 기능을 갖춘 큰 절인 총림(叢林)을 만들어 운영하려는 계획을 세웠다. 그러기 위해서는 방대한 양의 불교 서적이 필요했다. 그러나 워낙 큰 사업이다 보니 여러 난관에 부딪쳐 있던 중에 그 소식을 듣게 되었다.

성철 스님은 그렇게 많은 경전과 어록이 있다는 말에 당장 달려가고 싶은 호기심이 일었다. 게다가 불교에 그토록 해박한 거사가 있다니 하루라도 빨리 만나 보고 싶었다. 어쩌면 이번 일이 우리 불교의 발전에 커다란 기회가 될지도 모른다는 희망을 가졌다. 두 스님은 김 거사를 만나러 갔다.

세 사람이 둘러앉아 몇 시간 동안 불교 교리에 관한 열띤 논쟁을 벌였다. 성철 스님이 보기에도 김 거사가 보기 드물게 경전을 많이 읽었고, 특히 반야 경전에 달통했다는 것을 꿰뚫어보았다. 그러나 김 거사가 불교의 유식학(唯識學)에 대해서는 한 마디도 안 한다는 것을 깨닫고 말했다.

"거사가 아는 불교 이야기는 어지간히 다 했소?"

"예, 그렇습니다."

그래서 성철 스님은 이제 내 차례다 싶어 유식학에 대해 한참이 이야기했다. 김 거사는 자기가 모르는 이야기가 나오자 귀가 번쩍 뜨여 한마디도 놓치지 않고 새겨들었다.

얼마나 시간이 지났을까. 성철 스님의 이야기가 거의 끝나 갈 즈음 김 거사가 만면의 웃음으로 화답했다.

"내가 선대로부터 물려받고, 또 지금까지 모으고 간직해 온 귀한 책들을 받아 갈 스님이 없으면 어쩔까 큰 걱정을 하며 살았는데, 오늘 이렇게 스님을 만나서 내 소원을 풀었습니다. 이 얼마나 다행입니까? 이 모든 것을 스님께 드릴 테니 언제든지 가져가십시오."

성철 스님의 깊고 해박한 지식과 수행의 결과를 알아본 김 거사는 한 차례의 만남으로 모든 장서를 흔쾌히 내주었다. 이후 성철 스님은 항상 장서를 안고 살았다.

뜨거운 학구열

성철 스님이 대구 파계사 부속 성전암에 머물던 10년 간 스님을 줄곧 모셨던 첫 상좌 천제 스님은 그 시절을 그 두 마디로 요약한다.

성철 스님은 꼭 필요한 일에도 전혀 속세로 나가지 않으니 바깥 나들이는 천제 스님 몫이었다.

동진출가(童眞出家), 즉 어린 나이에 출가한 천제 스님은 필요한 물건을 구하기 위해 대구까지 50여 리 길을 걸어다녀야 했다. 성철 스님은 김병용 거사로부터 받는 장서를 하나하나 철저히 읽어 나가면서 또한 그와 관련된 서적을 구하기 위해 어린 행자로 하여금 길고 가파른 산길을 걸어 내려가게 했다. 천제 스님은 그에 관해서 말했다.

"1950년대만 해도 바다 건너 서구의 학술 자료들을 구하기가 불가능에 가까웠지요. 성철 스님은 본인이 장서를 보거나 간혹 찾아오는 학자들과 얘기를 나누던 중 새로운 주장을 담은 책이나 자료가 나왔다고 하면 꼭 구해 달라고 당부했습니다. 특히 관심을 많이 가졌던 것은 아무래도 불교 교리와 관련된 것들인데, 연줄 연줄로 여러 사람에게 부탁하기도 했지요."

성철 스님은 나아가 영혼의 존재, 불교적 인식론을 담고 있는 물리

학적 근거, 전생에 대한 실험 자료 등에도 관심이 많았다.

생기지도 없어지지도 않는다는 영혼에 관한 해석과 현대 과학을 통해 불교의 교리를 입증하는 것, 그리고 전생에 대한 실험과 논문들을 통해 과학적 사실임을 입증하려는 시도를 한 시기이다.

이 시기에 스님이 책 읽는 모습을 본 사람들은 그저 책장을 넘기는 줄로만 알았다는 말을 했다. 그러나 잠시 뒤에 그 책에 관한 내용을 상세히 설명하는 것을 보며 사람들은 놀라움을 금치 못했다. 성철 스님은 책을 많이 읽는 것뿐만 아니라 집중하여 읽는 법을 알고 있었기에 빨리 읽으면서도 대략 내용만 파악하는 속독이 아니라 정독을 하고 있었던 것이다.

성철 스님은 직접 참여하고 나서는 것은 삼갔지만, 국내외의 돌아가는 현실에 대해서도 관심을 가졌다. 당시 우리나라는 국민들에게 다른 나라에서 발행한 잡지를 있는 그대로 읽지 못하게 하는 암울한 현실에 놓여 있었다. 정치나 사회 관련 기사는 사실 그대로 적지도 못했고, 적혀 있는 글들은 모두 오려내서 일부분만 알 수 있는 현실이었다. 한국 관련 기사 대신 빈 공간으로 남아 있는 미국의 대표적인 시사 잡지인 《타임》지를 수시로 구해 읽었으며, 세계적인 시사 화보집 《라이프》지도 사 오라고 지시하곤 했다. 책과 자료에 대한 성철 스님의 애착에 대해 천제 스님은 말했다.

"아무래도 불교와 관련된 외국 자료는 일본에서 많이 나왔는데, 성철 스님은 아는 사람들에게 그런 자료들을 구입해 달라고 부탁하곤 했습니다. 한번은 《남전대장경》이라는 경전을 일본에서 주문했는데, 부산항에서 하역하던 중 인부들의 실수로 책을 모두 바다에 빠뜨리고 만 적이 있지요. 하지만 성철 스님은 포기하지 않고 다시 부탁해서 결국에는 그 책을 구해 읽었습니다. 당시 성철 스님은 우리나라에서 가장 많이 불교 관련 서적을 지닌 분이셨고, 또 가장 많은 책을 읽은 분이었을 겁니다."

제자들에게 책을 가까이 하지 말라고 하신 스님은 왜 그렇게 많은 책을 읽었을까.

오직 자신과의 싸움으로만 얻을 수 있는 깨달음을 자칫 책을 통해서 쉽게 얻으려 할 것을 경계함이 아니었을까. 그렇게 성전암에서 10년간 공부한 결과가 이후 해인총림 방장 시절에 행한 백일법문, 나아가 그 뒤로 계속된 쉬우면서도 정곡을 찌르는 법문의 밑거름이 된 것이다.

성철 스님은 스스로 공부할 뿐만 아니라 행자이던 제자들에게도 영어와 같은 세속의 학문의 중요성을 강조했고 또 가르쳤다. 천제 스님이 '천재'라는 별명을 얻은 것은 바로 그 같은 성철 스님의 교육열 때문이다.

"성철 스님은 불전을 원전으로 읽고 이해하기 위해서는 범어를 알아야 하고, 또 범어 공부를 위해서는 영어가 필수라고 하셨습니다. 그러면서 서울에 있는 어떤 교수에게 특별히 부탁해 저에게 영어를 가르치게 했습니다. 그래서 잠시 그 교수 분에게 배우고 다음부터는 혼자 공부했지요."

천제 스님과 더불어 또 한 분, 10년간 행자로서 성철 스님을 모신 사람이 만수 스님이다. 만수 스님은 성정이 어질어 큰스님이 참 좋아했다고 한다. 만수 스님의 그런 성격을 말해 주는 일화가 있다.

눈이 쏟아진 어느 겨울날, 큰스님께서 산책을 하는데 눈밭에 속옷이 널려 있는 것을 보았다. '빨래를 하기 싫어 눈밭에 버렸나.' 하고 생각한 성철 스님이 버럭 소리를 질렀다.

"이거 누구 옷이냐!"

그러자 만수 스님이 뛰어나왔다.

"제 옷입니다."

"왜 이렇게 옷을 눈 위에 버려 놨나?"

성철 스님이 묻자 만수 스님이 대답했다.

"옷에 이가 많아 가려워 죽겠는데, 그렇다고 죽일 수는 없어서 저도 추우면 도망가겠지 싶어 눈밭에 옷을 걸쳐 두었습니다."

불교에서 생명을 소중히 하라는 가르침을 소홀히 여기지 않고 이렇게 실천하고 있는 만수 스님을 어떻게 야단칠 수가 있었겠는가.

그 만수 스님의 별명은 '사전'이다. 성전암에 살면서 '공부하라'는

성철 스님의 명에 따라 혼자 사전과 옥편을 줄줄 외우고 다녀 얻은 별명이다. 이렇게 성철 스님의 제자들은 수행과 더불어 교리 공부까지 철저히 해야만 했다.

8. 남을 위한 백팔 배

본격적인 개혁의 시작

성철 스님에게는 또 한 분의 도반 청담 스님이 있었다. 성철 스님이 스스로 '청담 스님하고 나 사이는 물을 부어도 안 새는 사이'라고 했을 정도로 허물없이 지냈다.

두 스님은 1941년 가을 충남 예산 수덕사에서 처음 만났다. 당시 수덕사에는 만공 스님께서 선방을 지도하는 조실(祖室)로 계실 때라 수좌들의 발길이 끊이지 않았다. 수좌들 사이에 괴짜들로 소문난 두 사람이 만나 단번에 의기투합하게 되었다.

성철 스님과 청담 스님은 2년 후 법주사 복천암에서 하안거를 같이 나면서 도반의 우의를 다졌고, 함께 한국 불교의 개혁에 대한 의지도 키웠다. 헤어졌다가 1년이 조금 지나 다시 대승사에서 만난 두 스님이 함께 내린 결론은 '한국 불교의 살길은 선불교를 중심으로 한 수행 가풍을 세우는 것'이었다. 그러던 차에 해방이 되자 두 스님은 역할을 적절히 나누었다. 성철 스님은 봉암사 결사를 통해 '부처님 가르침대로 사는 방법'을 새로 만들어 내는 데 전념했고, 청담 스님은 좀 더 현실적인 차원에서 '제대로 된 기능, 즉 수행과 교육을 모두 갖춘 총림 건설'에 매진했던 것이다.

성철 스님은 대구 파계사 부속 성전암에 머물면서 '수행자로서의 전범'을 몸소 실천했고, 그동안에도 청담 스님은 불교 개혁에 심혈을 기울였다. 1960년대 초 청담 스님은 서울 우이동 도선사에 머물면서 개혁의 고삐를 늦추지 않고 있었다.

성철 스님이 도선사를 찾은 것은 1964년 겨울이었다. 도선사에 도착한 성철 스님은 도선사가 여전히 일제 시대 사찰의 모습, 즉 불상이 무속신앙의 대상들과 나란히 법당에 모셔진 것을 보았다. 그래서 청담 스님에게 제안을 했다.

"청담 스님이 머물고 있는 절인데 이래서야 되겠나? 우리 옛날 봉암사 결사 정신으로 돌아가 법당부터 정리하자."

뜻 맞는 두 사람이 만났으니 일이 일사천리로 진행되어 갔다.

"그래야지."

그러고는 법당에 모셔져 있던 칠성탱화와 산신탱화, 용왕탱화 등을 뜯어내어 마당에 집어던진 다음 불살라 버렸다. 그것을 본 신도들이 난리가 났다.

"웬 중 둘이 도선사에 들어오더니 조상 대대로 내려오던 탱화들을 모두 태웠다."

신도들은 탱화를 못 뜯어내게 몸싸움을 벌이며 소리를 지르고 항의했다. 그러나 두 스님이 신도들에게 하는 대답은 한결같았다.

"여러분, 이 탱화들은 부처님의 가르침과 맞지 않습니다. 이제는 부처님만 모시고 따를 것입니다."

그렇더라도 수십 년간 산신과 용왕을 믿어온 신도들에겐 쉽게 받아들여질 수가 없었다. 성철 스님은 당시를 회고하면서 "그 뒤로 한 3년간 신도가 끊어진 거라. 청담 스님이 절 살림 하는데 무지 고생했지."라고 말하곤 했다.

청담 스님은 그런 사정에도 한번 세운 뜻을 꺾지 않고 펼쳐 나갔다. 도선사에 실달학원이란 간판을 걸고 스님들의 교육을 지도했으며, 신도들을 위해서는 대참회 정신을 키워 주어야 한다는 취지에서 참회도량의 문을 열었다. 신도들이 이곳에서 자신의 업을 소멸시키고 해탈에 이르게 하기 위해 참회를 하도록 했다.

청담 스님이 성철 스님보다 세속 나이로는 열 살이나 많았지만, 두 스님은 아무 허물없이 지냈다. 그런데 청담 스님의 제자들 입장에서는 다소 못마땅했던 모양이다. 청담 스님의 제자인 현성 스님은 성철 스님의 제자들을 만날 때마다 그때를 떠올렸다.

"성철 스님께서 도선사에 오신 후부터 청담 스님의 방에선 두 분의 대화가 쩌렁쩌렁 울렸고, 간간이 박장대소가 도량을 휘몰아치곤 했지요. 이전까지 항상 참선으로 적요만 흐르던 스님의 방이었는데 뭐가 그리 재미있는지. 나는 그 무렵 성철 스님에게 불만이 생겼어요. 은사이신 청담 스님이 훨씬 연상인데도 두 분은 '너, 나' 하면서 서로 하대하는 거예요. 그 점이 이해가 안 갔지요."

그래서 현성 스님은 어느 날 청담 스님께 볼멘소리로 항의를 했다.

"속세 같으면 청담 스님이 큰 형님뻘이잖습니까? 성철 스님은 너무 예의가 없는 게 아닙니까?"

그러자 청담 스님의 불호령이 떨어졌다.

"성철 스님은 한국 불교의 보물이야! 내가 아니면 누가 알겠느냐? 나이는 내가 열 살이나 많지만, 불교는 성철 스님이 열 배나 더 잘 안다. 너는 그 따위 생각 버리고 시봉이나 잘하거라."

청담 스님은 세속의 나이는 중요하지 않다고 했다. 보다 더 중요한 것이 있는데, 그까짓 세속의 나이나 따지며 불필요한 논쟁을 할 일이 아니라고 했다. 이 또한 세속의 사람들로서는 뛰어넘기 어려운 일이었다. 두 스님에게는 다른 이들이 알 리 없는 크나큰 공통점이 있는 것인

지도 모르는 일이다.

성철 스님이 서울에 나들이할 일이 있으면 신당동에 있는 신도의 집에 머물곤 했다. 그런데 그곳에 청담 스님이 들를 때면 하루 종일 웃음과 몸싸움이 그치지 않았다. 그래서 일어난 일들이 많다.

어느 날, 성철 스님 계신 곳에 청담 스님이 찾아왔다. 청담 스님이 이 층으로 올라간 지 얼마 되지 않아 천장이 내려앉을 듯이 쿵쾅거리며 흔들렸다. 식사를 준비하던 집주인은 너무 놀라 이 층으로 뛰어올라갔다. 안에서 무슨 일이 있는지 알 수도 없고 다짜고짜 문을 열 수도 없어서 귀를 대고 들어 보니 큰 사움이 벌어진 것 같았다. 그래서 망설이던 끝에 집주인은 문을 두드렸다.

"스님! 무슨 일입니까?"

그러나 아무리 문을 두드려 봐도 소용이 없었다. 방 안에서는 아무런 대답도 없이 여전히 쿵쾅거리는 소리가 그치지 않았다. 걱정 끝에 더 일이 커지기 전에 말려야 싶어서 큰맘을 먹고 문을 벌컥 열었는데, 성철 스님과 청담 스님이 웃통을 벗어 던진 채 한참 레슬링을 하고 있는 것이 아닌가? 무슨 큰 난투극이라도 벌어졌나 걱정하고 문을 열었는데 두 큰스님이 서로 이기겠다고 방바닥을 뒹굴며 한창 죽인다, 살린다 하며 고함을 쳤다가 웃었다가 하는 모습을 보고 비로소 안심했다고 한다. 그렇게 집이 무너질 듯이 해대던 레슬링이 끝나면 지붕이 들썩거릴 정도로 무엇이 좋은지 박장대소를 그치지 않았다. 이렇듯 두 스님은 인간적으로 너무들 좋아했던 것이다.

성철 스님이 출가시킨 청담 스님의 딸, 묘엄 스님은 두 분의 관계를 이렇게 말했다.

"두 스님은 서로가 서로를 아끼면서 한국 불교의 오늘이 있게 한 분들입니다. 성철 스님은 우리 종단에 정신적인 지주를 세우셨고, 청담 스님은 우리 종단에서 직접 활동하시면서 원력과 행동까지도 보여 주셨다는 생각이 듭니다."

이렇게 절친했던 청담 스님이 열반하셨다는 소식을 듣고 성철 스님은 눈앞이 캄캄했다고 한다. 향곡 스님한테 연락해 같이 대구에서 서울로 갔는데 향곡 스님이 성철 스님을 보자마자 '니, 앞으로 레슬링 상대할 사람이 없어 어쩔래?' 하는 것이 첫마디였다고 한다.

근엄한 표정이어서 어렵게만 느껴지는 큰스님들도 어린이처럼 천진하고 인간적인 면모를 지니고 있었다.

무서운 방장 스님

성철 스님은 오랫동안 한국 불교를 이끌어 갈 젊은 스님들을 교육시켜야 할 필요성을 절감하고 있었다. 그리고 최선의 방안은 옛날 중국 불교처럼 스님들을 종합적으로 교육시키는 총림을 만드는 것이었다.

성철 스님은 범어사에서 스승인 동산 스님의 다비식을 끝낸 뒤에 김용사에서 하안거를 보내고 총림을 만들 생각으로 해인사로 들어갔다.

그리고 한국 불교의 지도자들에게 기회가 있을 때마다 총림의 필요성을 주장했다. 마침내 총림설치법이 통과되고 해인 총림의 최고 높은 지도자 자리인 방장이 되었다.

성철 스님이 해인총림의 방장이 될 당시 세속의 나이로는 56세였다. 괄괄한 성정에 총림을 한국 불교의 기본 도량으로 자리매김하겠다는 의욕까지 있었으니 큰스님의 기대에 부응해야 할 선방 수좌들의 일과가 편할 리 없었다.

먼저 신도들의 선방 출입을 금하고 만나는 날을 따로 정했다. 그리고 관광객들이 관광하는 구역과 수련장을 따로 나누었다.

성철 스님은 참선을 수행하는 스님들의 위치를 다른 모든 스님들 위에 두었다. 소임을 맡은 스님들은 나이가 많건 적건 수행하는 스님들을 위해 최대한의 의무를 다하게 했다. 큰스님은 선방과 방장실을 나란히 두고서 무시로 선방을 드나들었다. 언제 어느 때 큰스님이 나타날지 모르니 수좌들은 항상 긴장하고 있어야 했다.

성철 스님이 선방에 들이닥칠 때는 항상 죽비를 들고 있었다. 방에 들어서자마자 윗자리, 아랫자리 구분할 것 없이 조는 사람의 등줄기를 사정없이 내리쳤다.

"졸지 말고 밥값 내놔라, 이놈아!"

"해인사 밥이 썩은 밥이더냐!"

선방 스님이 졸면서 참선을 않는다면 절에서 주는 밥을 공짜로 먹을 자격이 없다는 꾸지람이다. 당시 선방에서 수행했던 스님들은 한결같이 그때는 방장스님이 그렇게 미울 수가 없었다고 한다. 그러면서도 항상 "지금 돌이켜보니 그 경책이 얼마나 소중한 자비의 매질인지……."라는 말을 잊지 않는다.

그러나 수좌들이 그런 원망을 하건 말건 큰스님은 선방을 다녀올 때면 흐뭇해했다.

"그래도 부처님을 보겠다고 꾸벅꾸벅 졸든지 말든지 좌복(앉아서 수행하는 방석) 위에 앉아 있는 수좌들 모습이 얼마나 좋은가! 저 속에서 그래도 한 개나 반 개나 되는 인물들이 나오는 거 아니겠나! 그런 기대로 선방을 둘러보는 거지. 저 수좌들 없으면 난들 무슨 소용 있겠어?"

성철 스님이 수시로 선방을 드나드는 것은 정진하는 수행자들을 보며 마음 깊이 기쁨을 느끼기 때문이었음을 알 수 있는 말씀이다.

그렇게 정진하는 스님들에게 하는 법문이 있었다.

"천하에 가장 용맹스러운 사람은 남에게 질 줄 아는 사람이다. 무슨 일에든지 남에게 지고 밟히는 사람보다 더 높은 사람은 없다.

나를 칭찬하고 숭배하고 따르는 사람들은 모두 나의 수행을 방해하는 마구니(마음공부를 할 때 나타나는 갖가지 유혹)이며 도적이다. 중상과 모략 등 온갖 수단으로 나를 괴롭히고 헐뜯고 욕하고 괄시하는 사람보다 더 큰 은인이 없으니, 그 은혜를 갚으려 해도 다 갚기 어렵거늘

하물며 원한을 품는단 말인가?

칭찬과 숭배는 나를 타락의 구렁으로 떨어뜨리니 어찌 무서워하지 않으며, 천대와 모욕처럼 나를 굳세게 하고 채찍질하는 것이 없으니 어찌 은혜가 아니랴?

항상 남이 나를 해치고 욕할수록 그 은혜를 깊이 깨닫고 나는 그 사람을 더욱더 존경하며 도와야 한다. 이것이 수행자의 진실한 방편이다."

누군들 세상에서 인정받는 사람이 되고 싶지 않겠는가. 그러나 성철 스님은 세속의 기준을 뒤집는 말씀을 한 것이다. 성철 스님이 이 대목에서 비유하는 것은 '최잔고목(催殘枯木)', 즉 '썩고 부러지고 마른 나무 막대기'다.

"부러지고 썩어 쓸데없는 나무 막대기는 나무꾼도 돌아보지 않는다. 땔나무도 되지 않기 때문이다. 불 땔 물건도 못 되는 나무 막대기는 천지간에 어디 한 곳 쓸 곳이 없는, 아주 못 쓰는 물건이다. 이러한 물건이 되지 못하면 수행자가 될 수 없다. 수행자는 세상에서 아무 쓸 곳이 없는 대낙오자가 되지 않으면 안 된다.

오직 영원을 위하여 모든 것을 다 희생하고, 세상을 등진 사람이 되어야 한다. 누구에게나 버림받는 사람, 어느 곳에서나 멸시 당하는 사람, 살아나가는 길이란 공부하는 길밖에 없는 사람이 되어야 한다. 세상에서뿐만 아니라 불법 가운데서도 버림받은 사람, 쓸데 없는 사람이 되지 않고는 영원한 자유를 성취할 수 없는 것이다."

참으로 가혹하고 철저한 기준이다. 스스로 철저하게 쓸모없는 인간이 되지 않고서는 도를 닦는 인간이 될 수 없음을 말하고 있는 것이다. 세상에서 쓸모가 많으면 세상일에 복잡하게 간여하게 마련이다. 그렇게 되면 수행할 시간이나 마음의 빈자리가 없게 될 것이다.

세속의 기준과는 다른, 철저하게 자신을 포기하는 삶이어야 도(道: 깨달음), '영원한 자유'를 얻을 수 있다는 것이다. 성철 스님은 수좌들의 깨달음을 돕기 위해 스스로 최잔고목이고자 한 셈이다.

남을 위해 절하라

흔히들 '성철 스님' 하면 삼천 배를 떠올린다. 성철 스님을 뵈려면 누구든지 삼천 배를 해야만 허락하는 괴짜 스님이자 오만한 스님이라고 소문이 나 있었다. 이 문제에 대해 종정이 된 후 법정 스님과 나눈 《중앙일보》 1982년 1월 1일자 신년 대담을 보면 성철 스님 나름대로의 명확한 이유가 있음을 알 수 있다.

법정 스님이 물었다.

"흔히 밖에서 말하기를 큰스님 뵙기가 몹시 어렵다고들 합니다. 스님 뵈려면 누구나 부처님께 삼천 배를 해야 된다고 합니다. 일반인의

궁금증을 풀어 주기 위해서 말씀해 주시겠습니까? 어째서 삼천 배를 하라고 하시는지, 그리고 언제, 어디 계실 때부터 그런 가르침을 시행하게 되었는지, 말씀해 주시지요."

"흔히 삼천 배를 하라고 하면 나를 보기 위해 삼천 배하라는 줄로 아는 모양인데 그렇지 않습니다. 승려라는 것은 부처님을 대행할 수 있는 사람을 말하는데, 아무리 생각해 봐도 내가 어떻게 부처님을 대행할 수 있겠나 하는 생각이 들었습니다."

성철 스님은 그렇게 말문을 열었다.

"도저히 내가 남을 이익 되게 할 수는 없습니다. 그래서 나는 늘 말합니다. '나를 찾아오지 말고 부처님을 찾아오시오. 나를 찾아와서는 아무 이익이 없습니다.' 그래도 사람들은 찾아오지요. 그래서 그 기회를 이용하여 부처님께 절하라고 하는 것입니다. 그래서 삼천 배를 시키는 것인데, 그냥 절만 하는 것이 아니라 남을 위해 절하라, 나를, 자기를 위해 절하는 것은 거꾸로 하는 것이라고 말합니다. 그렇게 삼천 배를 하고 나면 그 사람의 심중에 무엇인가 변화가 옵니다."

"변화가 오고 나면 그 뒤부터는 자연히 스스로 절하게 됩니다. 처음에는 억지로 남을 위해 절하는 것이 잘 안 되어도 나중에는 남을 위해 절하는 사람이 되고, 남을 위해 사는 사람이 되며 그렇게 행동하게 되는 것입니다.

삼천 배는 그전부터 시켰는데 본격적으로는 6·25사변 뒤 경남 통영 안정사 토굴에 있을 때부터입니다. 대구 파계사 성전암에 있을 때는 어찌나 사람들이 많이 찾아오는지 산으로 피해 달아나기도 했었지요. 그러면 산에까지 따라옵니다. 한 말씀이라도 해달라 하거든요. 그럼 '내 말 잘 들어. 중한테 속지 말어. 나는 승려인데 스님네한테 속지 말란 말이야.' 이 한마디밖에 나는 할 말이 없었어요. 그래도 자꾸 찾아오길래 할 수 없이 철망을 쳤지요. 그래서 성전암에서 철망 치고 한 10년을 살았지요. 철망 치고 산 것도 겉으로 보면 도도한 것 같은 데 그런 것이 아닙니다. 지금도 말합니다. '나를 찾아오지 마시오. 부처님을 찾아오시오.' 하고 말입니다."

그 후 또 한 번 1984년 4월 1일자 《주간조선》과의 인터뷰에서 그런 질문을 했다.

"스님을 만나려면 부처님께 삼천 배를 해야 한다고 해서 화제가 되고 있습니다. 스님을 만나 뵙기 어렵다는 이야기로 이해되기도 하고 스님이 오만하기 때문이 아니냐는 오해도 있는 것 같습니다."

성철 스님은 이렇게 대답했다.

"중이 신도를 대하는 데 사람은 안 보고 돈과 지위만 본단 말입니다. 안 그래요? 그래서 난 이 대문에 들어올 때는 돈 보따리와 계급장은 소용없으니 일주문 밖에 걸어 놓고 알몸만 들어오라고 하지! 사람만

들어오라 이겁니다. 그리고 들어오면 '내가 뭐 잘났다고 당신을 먼저 만날 수 있나?' 하지요. 부처님을 찾아왔다면 부처님부터 뵈라는 뜻입니다. 부처님을 정말로 뵈려면 삼천 배는 해야지요. 부처님한테는 무엇보다도 신심이 제일입니다. 부처님을 알 때까지 절하는 정신이 중요한 것입니다. 그래야 부처님이 '너 왔구나.' 하실 게 아니오. 그런 사람이면 나도 옆에서 좀 도와주지요. 중도 사람이고 나도 사람이니 부처님을 믿어야지요."

이처럼 큰스님께서는 누구든 사람을 만날 때 그 사람의 알맹이와 만나기를 원했다. 신심 있는 마음과 신심 있는 마음으로서 서로 대면하자는 것이었다.

삼천 배를 안 하면 대통령도 만날 수 없다

성철 스님을 만나려면 누구나 삼천 배 기도를 해야 하며, 그것이 어떤 이유에서인지는 앞에서 말했다. 그러나 가끔 삼천 배를 하지 않고 스님을 만나려는 사람들이 있었지만, 그 원칙에 예외가 있을 수는 없었다.

1977년 구마고속도로 개통식에 참석했던 박정희 전(前)대통령이 서울로 돌아가는 길에 해인사를 들르게 되었다. 당연히 방장인 성철 스님의 영접을 요구해 왔다. 해인사 주지 스님이 백련암으로 올라와 부탁을 했다.

"대통령께서 오시니까 큰스님이 큰절까지 내려와 영접을 해주셨으면 좋겠습니다."

성철 스님은 한동안 주지의 얼굴만 쳐다보다가 말했다.

"나는 산에 사는 중인데, 대통령 만날 일 없다."

주지를 비롯해 만상좌인 천제 스님까지 나서 성철 스님을 설득하려고 애를 썼으나, 성철 스님은 끝내 큰절로 내려가지 않았다.

성철 스님이 박 대통령을 영접하지 않은 사건을 두고 산내에서도 평가가 엇갈렸다. 한쪽에서는 '성철 스님이 박 대통령을 영접해 한마디만 했으면 퇴락해 가던 해인사 건물들을 일신하는 큰 지원을 받을 수 있었을 텐데.' 하는 아쉬움과 함께 성철 스님이 너무 까다로워 해인사가 발전이 없다는 비난도 적지 않았다.

또 다른 한쪽에서는 성철 스님이 선승들의 권위를 지켜 주었다는 찬사를 보냈다. 선승들의 지도자로서 세속의 최고 권력을 가벼이 봄으로써 산중의 자존심을 지켜 냈다는 것이다. 주로 선방에서 수행 중이던 선승들이 절대적 지지를 보냈음은 두 말할 필요도 없다.

중생을 위한 불공

우리는 절에 가면 불공 드리는 모습을 흔히 접한다. 절에서는 음식을 차려 놓고 스님들은 목탁을 두드리며 염불을 외우고 신도들은 절을 하는 모습이다. 부처님께 드리는 지극 정성, 그리고 복을 비는 행위를 불공 드린다고 표현하는 사람이 많다. 그러나 성철 스님이 신도들을 향해 여러 번 깨우쳐 준 것이 바로 삼천 배를 해야 하는 이유와 함께 불공 드리는 방법이다.

절집을 뒤흔들어 놓은 성철 스님의 법문 가운데 가장 중요한 개념 중의 하나는 '불공'이다. 흔히 '절에 가서 불공을 드린다.'고 하는데, 성철 스님은 그 개념을 뒤집어 놓은 것이다. 성철 스님은 여러 차례의 법문 중에 불공의 의미를 새롭게 전했다.

"부처님이 얘기한 불공은 결국 중생을 이롭게 하라는 것입니다. 부처님께서는 많은 물자를 부처님 앞에 갖다 놓고 예불하고 공을 드리고 하는 것보다, 잠시라도 중생을 도와주고 중생에게 이롭게 하는 것이 몇 천만 배 더 낫다고 하셨습니다. 부처님은 '나에게 돈 갖다 놓고 명과 복을 빌려 하지 말고, 너희가 참으로 나를 믿고 따른다면 내 가르침을 실천하라.'고 하셨습니다. 중생을 도와주라는 말입니다. 이것이 부처님 뜻입니다."

그러면서 성철 스님은 불공과 관련된 주장을 기회가 있을 때마다 들려주었다. 6·25 전쟁 직후 경북 문경 봉암사에 머물 때도 성철 스님은 이런 주장을 했고, 향곡 스님의 요청에 따라 부산 지역 신도들을 상대로 같은 내용의 법문을 했다.

"불공은 남을 도와주는 것이지 절에서 명도 주고 복도 준다고 목탁 두드리는 것이 아닙니다. 절이란 불공을 가르치는 곳이지 불공 드리는 곳이 아닙니다. 불공은 절 밖에 나가 남을 돕는 것입니다."

많은 신도들이 감명 깊게 들었다며 돌아갔다. 문제는 다른 곳에서 일어났다. 부산, 경남 지역 스님들의 모임인 경남 종무원에서 긴급 회의가 열렸다. 그리고 성철 스님에게 달려와 항의를 했다.

"불공 드리지 말라는 말은 결국 절에 돈 가져다 주지 말라는 말인데, 그러면 우리 중들은 모두 굶어 죽으라는 소리입니까?"

성철 스님은 같은 대답을 해야 했다.

"그렇다. 우리 승려들이 먼저 각성해야 한다."

얼마 후 서울 종무원에서도 같은 항의와 함께 '다시는 그런 소리 말라.'는 경고가 내려왔다. 그렇지만 주장을 굽힐 성철 스님이 아니었다.

"언제 죽어도 죽는 건 꼭 같다. 부처님 말씀 전하다 설사 맞아죽는다고 한들 무엇이 원통할까. 그건 영광이지. 천하의 어떤 사람이 무슨 소리를 해도 나는 부처님 말씀 그대로를 전할 뿐 딴소리는 할 수 없으니, 그런 걱정하지 말고 당신이나 잘하시오!"

성철 스님은 해인사 스님들을 상대로 한 법문에서도 같은 말을 했다.

"내가 말하는 것은 부처님 말씀을 중간에서 소개하는 것이지, 내 말이라고 생각하면 큰일납니다. 달을 가리키면 달을 보아야지, 가리키는 손가락을 보면 안 된다는 말입니다. 승려란 부처님 법을 배워 불공 가르쳐주는 사람이고, 절은 불공 가르쳐주는 곳입니다. 불공의 대상은 절 밖에 있습니다. 불공 대상은 부처님이 아닙니다. 일체 중생이 다 불공대상입니다. 승려들이 목탁치고 부처님 앞에서 신도들 명과 복을 빌어주는 것이 불공이 아니라, 남을 도와주는 것이 참다운 불공입니다."

그러면서 성철 스님은 불공의 구체적 활동 내용과 관련해서 기독교의 봉사 활동을 자주 비교했다.

"기독교인들은 참으로 종교인다운 활동을 많이 합니다. 그런데 불교는, 불교인들은 그런 기독교도들을 못 따라갑니다. 불교의 자비란 자기를 위한 것이 아니고 남에게 베푸는 것인데, 참 자비심으로 승려 노릇하는 사람이 얼마나 됩니까? 자비란, 요즘 말로 표현하면 사회적으로 봉사하는 것입니다. 아마도 승려가 봉사 정신이 가장 약할 것입니다."

1970년대까지만 해도 불교계의 사회적 봉사활동은 찾아보기 힘든 시절이었다.

반면 기독교계의 각종 활동은 당시에도 상당히 활발했다. 성철 스님이 말하던 그 당시에는 반발이 많았지만 올바른 길은 언젠가는 열리게 되어 있다. 가족이 없는 승려들로서는 사회적 봉사가 훨씬 유리한 점도 많아서 지금은 불교계에서도 봉사활동이 활발히 이루어지고 있다. 누군가 앞장 서 열어놓은 길은 오래도록 빛이 나는 것을 역사에서 쉽게 알 수 있다.

남을 위한 백팔 배

성철 스님이 불공, 즉 남을 위한 봉사를 강조한 것은 대승불교의 가르침에 따른 것으로 보인다. 성철 스님은 대승불교를 이렇게 설명했다.

"불교에서 소승불교란 자기만을 생각하는 것입니다. 반대로 대승은 남을 위해 사는 것입니다. 불교의 근본은 대승이지 소승이 아닙니다."

한국불교가 대승불교인데도 '남을 위한' 가르침을 실천하지 못한다는 꾸짖음이다. 성철 스님이 특히 '남을 위해 해야 한다'고 강조한 것이 기도다. 그중에서도 새벽마다 하는 백팔 배를 말씀하셨다.

"절은 남을 위해 해야 하고, 생각이 깊은 사람이라면 남을 위해 아침마다 기도해야 합니다. 백팔 배를 하라는 것입니다. 나를 찾아오는 신도들에게는 꼭 새벽에 백팔 배를 하라고 시킵니다. 나도 새벽마다 백팔 배를 합니다."

성철 스님이 이렇게 주장하면 항상 받는 질문이 있다. '나도 급한데 어찌 남을 먼저 생각하느냐.'는 것이다.

성철 스님은 설법을 통해 많은 사람들이 물어 온 의문에 답을 했다.

"이런 얘길 하면 사람들은 '스님도 참 답답하시네. 내가 배가 고픈데 자꾸 남의 입에만 밥 떠 넣으라니 나는 굶으란 말인가요?'라고 말합니다. 그러면 나는 인과법칙을 말합니다. 인과법칙은 불교뿐만 아니라 우주의 근본 원리입니다.

콩 심은 데 콩 나고 팥 심은 데 팥 나듯이 선인선과(善因善果:착한 일

을 하면 좋은 보상을 받는다), 악인악과(惡因惡果:나쁜 일을 하면 나쁜 결과를 얻는다)입니다. 남을 위해 기도하는 것이 결국 나를 위한 기도가 되며, 남을 해치면 결국 나를 해치는 일인 것입니다. 그래서 남을 도우면 아무리 안 받으려 해도 또다시 좋은 일이 내게로 오는 것입니다. 그러니까 내가 배고파 굶어 죽을까 걱정하지 말고 부처님 말씀과 같이 불공을 잘하도록 애써야 할 것입니다."

성철 스님이 이 대목에서 자주 드는 비유가 있다. 불공할 줄 모르고 죄를 많이 지어서 지옥에 떨어진 사람 얘기다.

그 사람은 지옥문 앞에 서서 보니 지옥에서 고통 받는 중생들 모습이 하도 가슴 아파 잠시 자신도 모르게 착한 생각을 했다.

'저렇게 고통스러워하는 많은 사람을 잠깐 동안이라도 쉴 수 있게 내가 모든 고통을 대신할 수 없을까?'

그 순간 지옥이 없어져 버렸다. 그는 천상에 와 있었다. 일체유심조(一切唯心造) 즉 모든 것은 오직 마음이 만드는 것일 뿐이란 얘기다. 착한 생각을 하면 자기부터 천상에 가게 된다는 가르침이다.

성철 스님은 종교인으로서 일반 대중에게 큰 책임이 있다고 생각하셨다. 어느 날 법정스님과의 대담이 있었다. 법정스님은 큰스님께 물었다.

"요즘 세태를 보면 날이 갈수록 인간 사회가 험악해지고 있다는 느낌입니다. 어떻게 하면 인간다운 인간 노릇을 할 수 있겠습니까?"

"산중에 들어앉은 사람이니 세상일을 자세히는 모르지만, 요새 풍조를 보면 너무 물질에 치중하는 것 같아요. 물질에 치중해서 자꾸 끌려가다 보니 이성을 상실하고, 자연 탈선행위를 많이 하게 되지요. 그 까닭은 서양의 물질문명을 너무 맹종하기 때문이라고 생각합니다. 그 대안으로는 우리의 전통적인 동양 정신문화를 복구시켜야 합니다. 앞으로 우리가 참으로 바른생활을 하려면 물질이 없으면 살지 못하니까, 물질을 배제한다기 보다는 동양의 정신이 주가 되어 물질이 종이 되어 따라오도록 해야 할 것입니다.

범죄를 저지른 사람들의 정신적인 지도를 맡고 있는 종교인들이 참다운 지도를 하지 못하고 참다운 행동을 하지 못했기 때문에 근본 책임은 종교인에게 있다고 생각합니다."

그리고 가장 중요한 말씀을 덧붙였다.

"예전 스님들이 늘 하시던 말씀이 '극중한 죄인은 내가 아니고 누구냐'고 했습니다."

성철 스님은 가장 무거운 죄를 지은 사람은 자신이라고 생각하고 자신부터 참회를 해야 한다고 생각하신 것이다. 그래서 매일같이 고통의 바다에서 헤매는 불쌍한 중생을 위해 기도하고 절을 하는 것이었다.

모든 승려들과 중생들이 이렇듯 남을 위해 기도하면 서로가 서로에게 마침내 좋은 결과를 돌려줄 것이라고, 성철 스님은 믿었다.

세상이 그래도 살 만한 것은 어딘가 깊은 산중에서 고통에 시달리는 중생들을 위해 하루도 빠짐없이 기도하고 있는 승려가 있기 때문인지도 모른다.

수좌5계

참선이 어려운가? 수좌들이여!

이렇게 하면 공부하는 데 도움이 될 것이다.

첫째, 간식하지 말라. 둘째, 돌아다니지 말라. 셋째, 말하지 말라. 넷째, 잠을 적게 자라. 다섯째, 책 보지 말라. 이렇게 하고도 공부가 안 된다면 내 목을 베어라.

성철 스님이 수좌들에게 내린 '수좌 5계'이다.

화두를 들고 참선하는 것이 너무 어려워 어찌할 바를 모르고 갈팡질

팡하다가 낙오하고 마는 승려가 적지 않았고 성철 스님은 그런 수좌들을 도와주고 싶었다.

그래서 참선을 수행의 가장 근본으로 생각하는 성철 스님은 자신이 겪은 바를 바탕으로 한 '수좌 5계'를 만들었다.

수좌 5계란 수행하는 승려들이 지켜야 할 5가지 계율이라는 뜻이다.

그 강조하는 바를 살펴보면,

첫째, '간식하지 말라'는 세 끼니 외에는 먹지 말라는 뜻도 되지만 원칙적으로 적게 먹으라는 의미다. 간식은 말할 것도 없고, 세끼 식사도 학처럼 먹으라고 했다.

"학과 같이 고고한 영물은 자기 위장 크기의 7할 이상을 먹지 않는다. 하물며 사람이 짐승보다 못해서 배 터지게 먹어 위장 상하고 건강을 망치는 것이 말이 되느냐?"

누군들 고된 수행 끝에 배불리 음식을 먹고 싶지 않겠는가. 그러나 음식에 대한 욕구를 자제하는 것이 수행의 기본이라는 가르침이다.

둘째, '돌아다니지 말라'는 선방 수좌라면 오직 좌복 위에서 앉았다 섰다하며 화두일념해야지, 이 절도 기웃거리고 저 절도 기웃거리며 선방의 분위기가 어떻다느니 어느 산, 어느 절이 깨우치기에 좋다느니 하며 의미 없이 돌아다니지 말라는 얘기다.

셋째, '말하지 말라'는 곧 묵언이다. 말을 많이 하게 되면 자연히 말하는데 정신이 쏠리게 되고 화두가 달아나기 쉽다. 더구나 선방에서 정진하는 선승이 이 얘기 저 얘기 끝에 남의 허물을 들춘다면 되겠는가. 남의 허물을 보지 말고 내 허물만 보고 살아야 조금은 수좌의 본분에 가까운 생활을 하게 된다는 일종의 당부다.

넷째, '잠을 적게 자라'는 눕지 않고 수행하는 장좌불와나 잠을 자지 않고 참선에 전념하는 용맹정진을 강조해 온 큰스님의 가르침과 같은 맥락이다.

성철 스님은 "세속에서는 서울대학교에 가려면 네 시간 이상 자면 안 된다고 해서 4당5락(四當五落)이라고 하는데, 하물며 선방에서 네 시간 이상 자서야 되겠느냐?"고 말하곤 했다.

실제로 해인사 선방에서는 네 시간 이상 못 자게 했다.

다섯째, '책 보지 말라'는 가장 논란이 많은 가르침이다. 선방의 수좌는 오직 화두를 들고 참선에 전념해야지, 경전이나 어록 등 불교서적을 보아서는 안 된다는 주장이다.

이렇게 해서 드디어 깨칠 때는 두꺼운 구름장이 걷히고 찬란한 햇빛이 밀쳐 들어오듯 정신세계가 일시에 광명을 얻게 되는 것이다.

그러나 마지막 5계, 즉 '책을 보지 말라'는 계율에 대해서는 의견이 분분했다. 어느 누구보다 많은 장서를 갖추고 불교서적뿐만 아니라 과학서적까지 읽는 성철 스님이 그런 말 하니 불만이 터져나왔다.

"당신은 경전이나 어록 등 책을 다 보고서 남들은 왜 못 보게 하느냐."라고 묻기도 했다.

성철 스님과 많은 대담을 했던 법정스님조차 "성철 스님은 책을 다 보면서 후학들에게 책 읽기를 엄금한 것은 이해하기 힘들다."는 말을 했다.

그 얘기를 듣고서 백양사 방장인 서옹 큰스님이 하신 말씀이 있다.

"성철 스님 때는 마땅히 배울 스승이 없었어. 그래서 자신이 대장경이다, 어록이다 해서 다 읽었지. 그런데 그렇게 공부하고 보니 마음을 깨치는 선방 수좌에겐 많이 보고 읽는 것이 소용없더란 것을 알았지. 수좌라면 오로지 참선하는 것밖에는 마음을 깨치는 다른 길이 없음을 확실히 아셨던 게야. 그러니 수좌들에게 책 보지 말고 참선만 하라는 말씀인 게지."

깨우침으로 가는 길은 참선 외에 다른 길이 없고 깨우치고 난 뒤에는 경전 연구를 위해서 많은 영어나 범어를 공부하라는 말이다.

성철 스님의 백일법문에 '공부를 함에 있어서 이론과 실천이 병행되어야 합니다. 경전을 배우면서 참선을 하고, 참선을 하면서 경전을 배우고 조사어록을 읽어야 합니다. 그렇지만 언어문자는 산 사람이 아닌 종이위에 그린 사람인 줄 분명히 알아서 마을 깨치는 것을 근본으로 삼아야 합니다' 라고 하셨으니 무엇이 중요하고 무엇이 그다음으로 와야 하는지 알 수 있을 것이다.

'책을 읽지 말라'는 성철 스님의 가르침을 보다 더 잘 이해할 수 있는 편지가 있다.

스위스의 대학교수 워너비트가 성철 스님께 편지를 보냈다.

"종교를 공부하자면 경전 연구가 기본 아니겠습니까. 그러나 참선하시기 위해 경전을 던져버린 스님들이 더 높은 종교생활에 도달하셨는지요. 존경하는 큰스님, 왜 저희들에게 경전에서 벗어나라고 하시는지요."

성철 스님은 답장을 보냈다.

"진리는 어느 문장에 있지 아니하고 오직 자기 마음속에 있습니다. 그러므로 진리를 깨달으려면 자기 마음을 깨달아야 합니다. 만약에 문장에서 진리를 찾고자 한다면 땅을 파고 그 속에서 하늘을 찾는 것과 같습니다."

참선을 위해서는 모든 것을 버리고 오직 참선을 통해서만이 마음속의 부처를 볼 수 있다고 편지를 맺었다.

일주문 앞에서 뒷짐을 진 채 웃음을 머금고 있는 스님의 얼굴에 크나큰 하늘이 내려와 있는 것 같다.

시주는 남 모르게

성철 스님은 시주하고 그걸 자랑하는 신도를 싫어했다.

'왼손이 하는 일을 오른손이 모르게 하라.'는 기독교의 가르침을 인용하기도 하는 스님으로서는 특히 절 입구에 서 있는 석등이나 기둥들에 그것을 시주한 사람 이름을 표나게 적어 놓는 것을 영 마뜩찮게 여겼다.

성철 스님은 6·25 직후 마산 부근의 성주사라는 절에 머물기 위해 갔다. 그때 처음 법당을 둘러보다가 법당 정면에 큰 간판이 붙어 있는 것을 보았다. 거기에는 '법당 중창 시주 윤○○'라고 크게 씌어 있었다. 그래서 성철 스님은 당장 주지스님을 불러 누구냐고 물었더니 주지스님은 마산에서 한약방하는 사람인데 신심이 깊어 법당을 모두 중수했다고 대답했다.

그것을 그냥 지나칠 성철 스님이 아니었다. 성철 스님은 그 사람이 언제 오냐고 물었다. 이미 큰스님의 이름이 불자들 사이에선 상당이 알려진 상황이라 "스님께서 오신 줄 알면 내일이라도 올 겁니다"라고 대답했다. 과연 그 이튿날 윤 씨가 성철 스님에게 인사하러 왔다. 성철

스님이 인사를 받자마자 말했다.

"소문을 들으니 처사의 신심이 퍽 깊다고 다 칭찬하던데, 나도 처음 오자마자 법당 위를 보니 그걸 증명하는 표가 얹혀져 있어서 대단한 줄 알았지요."

처음에는 칭찬인 줄 알고 윤 씨가 웃음으로 감사를 표했다. 하지만 곧바로 성철 스님의 따가운 지적이 이어졌다.

"그런데 간판 붙이는 위치가 잘못된 것 같지 않소? 간판이라면 남들 많이 보라고 만드는 건데, 이 산중에 붙여 두어야 몇 사람이나 와서 보 겠소? 그러니 저거 떼 가지고 마산역 광장에 갖다 세워야 안 되겠습니 까? 내일이라도 당장 옮겨 보자고."

그제야 말뜻을 알아듣고 얼굴이 화끈해진 윤 씨가 성철 스님 앞에 넙죽 엎드렸다.

"아이구, 스님. 부끄럽습니다."

성철 스님의 꾸중은 쉽게 끝나지 않았다.

"처사가 참으로 신심에서 돈을 낸 거요? 간판 얻으려고 돈 낸 거지!"

"잘못했습니다. 제가 몰라서 그랬습니다."

"몰라서 그랬다고? 몰라서 그런 거야 뭐 허물이랄 수 있겠나. 이왕 잘못된 거 어떻게 하면 좋겠소?"

신도 스스로 깨닫고 직접 해결하라는 말이었다. 윤 씨는 서둘러 자 기 손으로 간판을 떼어 탕탕 부수어 부엌 아궁이에 넣어 버렸다.

법문 중에 이런 얘기를 거듭 들은 신도들이 어찌 성철 스님 앞에서 시주의 공을 내세울 수 있겠는가? 성철 스님 앞에서는 시주하고서도 고개를 들고 자랑스러워할 수가 없었다.

성철 스님은 자기 공을 내세우는 신도들을 일깨우는 한편 진심 어린 시주를 이끌어내기도 했다.

성철 스님이 성전암에 머물 때의 일이다. 큰절인 파계사 대웅전 지붕에서 비가 새기 시작했다. 지붕을 수리하는 불사(佛事:절에 관련된 공사)를 해야 하는데 절에는 자금이 없었고 마땅히 시주할 사람도 나서지 않았다. 성철 스님은 파계사 신세를 지고 있던 참이어서 이번 기회에 큰절을 도와주자는 생각이 들었다. 그리고 잘 아는 신도를 불러 불사를 맡아달라면서 당부했다.

"절대로 겉으로 나서지 말고, 심부름은 천제스님이 할 테니 그리 알고 파계사 대웅전 중수 불사를 맡아주시오"

"예. 스님 말씀대로 하지요."

그 시주자와 파계사 사이에서 천제스님이 서로에게 뜻을 잘 전달한 결과 마침내 시주자는 자기 모습을 드러내지 않고 부처님께 보시를 하게 되었다. 그러나 겉으로 나서지는 않았지만 시주자로서는 자신의 노력 끝에 만들어진 결과가 궁금한 게 당연할 것이다. 그래서 대웅전 중수 공사가 끝나자마자 그만 참지 못하고 새 법당에서 부처님께 백팔 배를 올렸다. 정식으로 낙성식이 열리기 전까지는 누구도 새 법당에 들어서서는 안 되는 일이었다. 뿌듯한 마음으로 절을 한참 올리고 있는데 문이 벌컥 열리며 호통 소리가 났다.

"어떤 보살인데 허락도 없이 법당에 들어와 멋대로 기도하는 겁니까!"

"아이구, 예. 스님 잘못했습니다."

그 보살은 도망치다시피 성전암으로 달려왔다. 성철 스님에게 그 얘기를 했다.

"큰스님, 제가 시주자인 줄 알았더라면 그 스님께서 얼마나 반갑게 맞이해 주셨겠습니까. 하지만 칭찬받고 오는 것보다 야단맞고 오니 훨씬 더 기분이 가뿐합니다."

성철 스님이 박장대소했다.

"바로 성전암으로 왔으면 됐지. 보살이 자랑하고 싶은 마음 때문에 큰법당에 들렀으니까 야단맞았지. 하하하."

자랑하고 싶은 마음은 곧바로 들통나게 되어 있다는 말씀이었다.

승려에게 고향이 있더냐

어른이 되어 부모님 계신 고향을 떠나거나 결혼을 하여 고향에서 멀리 떨어져 살게 되면 누구나 집을 그리워하게 된다. 남한과 북한이 갈라선 뒤로 북한이 고향인 실향민들은 명절이 되면 고향에 가지 못하는 서러움을 통일전망대에 가서 북쪽을 향해 절을 함으로써 달래기도 한다.

출가한 승려라고 해도 대부분의 사람들이 고향을 찾아가는 명절이나, 부모님 생신, 부모님 상을 맞게 되면 집 생각이 나게 마련이다. 겁이 바짝 들어 있는 행자 시절이나 초년병 시절에는 대부분 집 생각을 전혀 할 수가 없다. 그러나 그 시기에 제자들의 어머니들은 자식을 잊지 못해 절로 찾아오는 일이 많았다. 자식을 보러 절에 왔다가 그런 모습을 성철 스님에게 들키기라도 하면 호통을 들어야 했다.

"자식 출가했으면 그것뿐이지 뭘 자꾸 찾아와!"

그러다가 조금씩 절 생활에 익숙해지면 슬그머니 집 생각이 나기 시작한다. 성철 스님은 시자승(노스님을 시봉하는 젊은 스님)들의 얼굴에서 어떻게 그런 낌새를 알아채는지 용케도 꼭 짚어 말하곤 했다.

"사람이 한번 결심해 출가했으면 앞만 봐야지 뒤돌아보면 못 쓰는 거라. 그러니 출가한 후에 속가에 들락날락하는 것은 절대로 안 되는 거라. 출가했으면 가족들 인연 끊고 살아야지!"

성철 스님의 상좌인 원택 스님도 마찬가지였다. 원택 스님의 어머니는 절에 찾아왔다가 성철 스님에게 꾸중을 들은 뒤로 절 아래 마을에서 전화만 하고 가곤 했다. 원택 스님은 부모님이 환갑을 치러도, 부모님이 자식을 보고 싶어 해도 찾아가지 못해 미안하고 죄송한 생각으로 지내야 했다. 그러던 어느 날이었다. 원택 스님은 성철 스님의 심부름으로 서울에서 책 출간 준비로 바쁜 날을 보내고 있었다. 백련암에서 원택 스님을 찾기에 무슨 일인가 하고 전화를 받아보니 성철 스님이 직접 거신 전화였다.

"원택이냐? 지금 너의 아버지가 돌아가셨단다. 백련암으로 오지 말고 대구에 가서 장례 치르고 오너라! 내가 직접 전화 안 하면 네가 안 갈 것 같으니까 내가 전화한 거다. 내 말 알겠지! 꼭 대구 가거라."

원택 스님은 큰스님의 전화를 받고 부모님에게 불효했다는 생각에 몹시 마음이 아팠다고 한다. 이렇게 엄격하게 원칙을 강조한 스님도 제자의 마음을 헤아려주실 줄 알았다. 그래도 부모님 장례에 참석한 원택 스님은 성철 스님과 비교하면 호강한 셈이었다. 성철 스님은 어머님이 별세했을 때나 아버님이 별세했을 때나 출상에 참여하지 않고 대신 시자를 보내 문상만 했을 뿐이었다. 한 번 떠나온 산청군 단성면 묵곡리를 평생 결코 찾아가지 않았다. 고향집뿐만 아니라 고향 가까운 곳의 절에도 가지 않았다. 어느 날 원택 스님이 성철 스님에게 물었다.

"고향을 찾지 않으시는 이유가 있습니까?"

성철 스님의 대답은 간단했다.

"네 고향은 대단한 모양이지! 이놈아, 중이 되어 떠났으면 머무는 곳이 고향이지, 중한테 갈 고향이 따로 있더냐?"

노스님의 절약 정신

바쁘게 돌아가는 백련암에서도 한가로운 시간이 있다. 대중스님들이 둘러앉아서 과일을 깎아 먹는 차담 시간이다. 과일 깎는 책임은 서열이 제일 꼴찌인 행자한테 떨어지게 마련인데 이것 또한 큰스님의 눈길을 비켜가기 어려웠다. 행자 시절에는 절 일을 시작한 지 얼마 되지 않아서 과일 깎는 일이 서툴 수밖에 없었다. 아무리 얇게 깎으려 해도 숙련된 스님들이 깎는 것같이 종잇장처럼 얇게 깎아지지 않았다. 행자로서는 얇게 깎는다고 애를 써보지만 항상 두께가 1밀리미터는 된 듯했다.

성철 스님은 그런 것조차 그냥 지나치지 않았다.

"과일을 그렇게 버리는 걸 보니 너는 부자인가 보지?"

행자에게 호통을 치셨다.

가끔 절에서 더운 여름날 밭일을 하거나 공사를 돕고 나면 과일이나 떡을 먹을 때가 있는데, 성철 스님은 그런 모습도 싫어했다.

"너희들은 눈곱만큼 일하고, 먹는 것은 배가 터져라 먹느냐? 그래가지고 무슨 수행한다는 말을 듣겠나. 일은 허리가 빠져라 일하고, 먹는 참은 눈꼽만치도 먹지 못하는 일꾼들은 어찌하란 말이냐?"

성철 스님 눈에는 모두가 게으르고 배부른 수행자였다.

백련암에서는 집중 수련 기간인 안거를 맞아 시작하는 날과 끝나는 날을 전후로 1년에 네 번 3박 4일의 아비라 기도를 드린다. 아비라 기도란 백련암 법당에 모여 비로자나부처님께 "옴 아비라 훔 캄 스바하"

를 염송하는 기도 행사이다.

예불대참회문을 읊으며 백팔 배를 먼저 한 다음, 장궤합장(꿇어앉은 상태에서 엉덩이를 들어올려 일직선이 되게 하여 합장하고 기도하는 모양)하여 30분 동안 "옴 아비라 훔 캄 스바하" 하며 우렁차게 합송하는 기도이다.

새벽 세시에 일어나 아침 예불을 올리고 매 기도 시간을 50분으로 하여 저녁 공양 전까지 하루 여덟 번씩 기도를 한다. 성철 스님은 '백련암에서 삼천 배 기도와 아비라 기도가 끊이지 않게 하라'고 하실 정도로 정성을 들이고 있었다. 그러나 아비라 기도는 힘이 많이 드는 기도여서 보통 정성이 아니고는 하기가 어려웠다.

원택 스님이 백련암 원주소임을 맡고 있을 때였다.

어느 해 기도 때, 하안거 백중을 맞아 해제 기도를 하는데 신도 회장이 원택 스님을 찾아왔다.

"스님, 요새 이렇게 덥고 하니 대중들 기도하는데 신심이 나게 수박 공양 한번 합시다."

"아비라 기도할 때는 참 같은 것 먹지 말라고 하셨는데 괜찮겠습니까?"

원택 스님은 성철 스님이 허락하지 않을 것 같아 걱정이 되어서 다시 물었다.

신도 회장은 자기가 큰스님께 허락을 받을 테니 걱정하지 말고 수박을 사오라고 했다. 젊은 스님 몇이 당장 산을 내려가 장에 가서 수박을 사왔다. 그리고 시원한 골짜기 물에 띄워 두었다가 다음 날 가장 더운 오후 두 시를 전후해서 공양을 하게 되었다. 더위 속에서 땀을 뻘뻘 흘리며 기도를 하다가 달고 시원한 수박을 한 조각씩 먹었으니 얼마나 좋았겠는가.

그렇게 나누어 먹고 기도 시간이 되어서 각 방마다 들어가 우렁차게 기도를 열심히 하고 있을 때였다. 수박 먹고 기도에 들어간 지 30분도 채 안 되었는데 성철 스님께서 마당에 나와 고래고래 고함을 치며 기도하는 사람 전부 다 마당에 모이라고 했다. 모두들 영문도 모르는 채 마당에 모였는데, 신도들이야 스님이 그렇게 노여워하시는 모습을 처음 보았으니 어쩔 줄 몰라 했다.

신도들이 수박을 나누어 먹는 것까지는 괜찮았는데 먹고 쓰레기통에 버려놓은 수박 껍질이 문제였다. 너나 할 것 없이 수박을 많이 먹었어야 반 정도, 심지어는 반도 더 남은 수박을 속살이 벌건 채로 버렸던 것이다.

성철 스님의 노여움은 대단했다.

"돈은 너희 돈으로 수박을 사왔는지 모르지만 먹기는 농부들 정성을 생각하고 먹어야 하지 않겠나? 그러려면 수박 껍질이 하얗게 나오도록 먹어야 될 것인데 이렇게 반도 안 먹고 버렸으니 기도하지 말고 다 내려가든지, 아니면 쓰레기통에 처박아 놓은 이 수박을 다시 꺼내 먹든지 둘 중에 하나를 빨리 선택해라."

신도 회장이 엉금엉금 기다시피 나가 큰스님께 빌고 또 빌었다.

"제가 불민해서 그랬으니 한 번만 용서해 주십시오."

그동안 신도들은 쓰레기통에 버려 놓은 수박을 다시 집어 들고 먹어야만 했다.

산문을 떠나지 않으심

성철 스님은 산승(山僧)으로 산을 떠나는 것을 무척 꺼려했다. 말년에 관절염으로 고생했기에 한겨울 추위를 피해 부산의 한 신도가 마련해준 처소로 가 있던 것을 제외하면 산문(山門)을 나서는 일이 거의 없었다.

그러나 산속에 칩거하는 성철 스님의 명성이 조금씩 세간에 알려지면서 큰스님을 세속으로 나오게 하려는 요구 또한 적지 않았다.

성철 스님이 종정의 자리에 오른 무렵인 1980년대 초반, 큰스님을 세속으로 끌어내려는 목소리는 포교 차원에서 비롯됐다. 포교란 종교를 세상에 널리 펼치는 것을 말한다. 당시 개신교계에서는 부활절 같은 날을 맞아 서울 여의도 광장에서 대규모 집회를 가지곤 했다. 거의 매년 백만 인파가 모이는 기도회를 개최하는 것을 보고 불교계가 술렁거렸다.

"우리도 부처님 오신 날을 맞아 여의도에서 대대적인 법회를 갖자!"

일부의 목소리가 이내 조계종 총무원의 입장으로 굳어졌다. 당시 총무원장 의현스님이나 천제스님이 몇 차례 찾아뵙고 간청했다. 그러나 성철 스님의 답변은 한결같았다.

"산승이 산에 있어야지, 어딜 간단 말이냐!"

성철 스님의 입장을 꺾을 수는 없지만 그래도 종단 관계자들의 불만이 사라지지는 않았다. 그래서 스님을 모시는 시자스님들이 건의를 하기도 했지만 큰스님의 마음을 움직일 수는 없었다. 그러나 몇 해를 두고서 부처님 오신 날만 가까워지면 종단 관계자들 사이에서 여의도 법회 이야기가 꼭 나왔다.

성철 스님은 산문을 나서지 않는 마음의 일단을 스스로 밝혔다.

"내가 서울 간다고 사람 좀 많이 모이면 뭐하겠나. 내가 서울 가는 것보다 산 지키고 여기 그냥 앉아 있는 게 불교를 위해서 더 이익이 되는 줄을 왜 모른단 말이냐."

성철 스님은 여의도에서 떡 벌어지게 큰 법회를 열고 설법을 하는 것보다 산중에 앉아 산승의 본분을 지키는 것이 더 넓게 봐서 불교의 위상을 높인다고 판단했던 것이다. 불교라는 종교 자체가 수행을 중시하는 종교이니 떠들썩하고 규모가 큰 집회로 세력을 과시하는 것은 아무 의미가 없다는 것이다.

그렇게 1980년대가 끝나갈 무렵, 다시 성철 스님을 세속으로 부르는 목소리가 있었다. 그것은 1987년 이후 민주화 운동의 열기였다. 당시 성철 스님과 자주 비교된 종교 지도자는 천주교 명동성당의 김수환 추기경이었다.

시위학생들이 명동성당으로 몰리고, 추기경이 끝까지 이들을 보호하며 지원하는 모습을 보고 불교계에서도 진보적인 성향의 젊은 스님들이 목소리를 높였다.

"이런 어려운 때 불교의 최고 어른인 종정 스님은 한 말씀하시지 않고 뭘하고 계시는가!"

원성과 비판이 자자했다. 그런저런 사정을 전해들은 성철 스님은 예상대로 호통을 쳤다.

"내가 말 한마디 한다고 세상이 바뀌나. 또 내 말을 들을 정치 지도자가 없는데 누구한테 무슨 말을 하라는 말이냐."

격동의 한 해가 지나고 새해가 되어 총무원장 등 중진 스님, 그리고 각종 불교 단체장들이 신년하례를 위해 백련암에 올라왔다. 일행 중에 권익현 정각회(불교도 국회의원 모임) 회장을 비롯한 국회의원 여럿이 포함돼 있었다. 성철 스님이 그들을 향해 말했다.

"요새 자꾸 나한테 민주주의 장사하라고 하는 데, 민주화니 뭐니 하는 얘기가 여기 이 산중까지 오는 걸 보면 시끄럽기는 되게 시끄러운가 보지. 국회의원 여러분들. 생각해 보시오. 절집은 수행하는 데고 국회의원은 정치하는 사람들 아닌가. 서울 가거든 정치 잘 해갖고 이제

나보고 민주주의 장사하라는 말 안 나오게 좀 해주소."

　성철 스님은 그렇게 산중에서 불교의 가르침에 따라 살면서 격동의 시기를 보냈다. 과연 성철 스님이 불교계의 세력과시나 이 땅의 민주화 운동에 얼마나 공헌했는지는 알 수 없다. 그러나 그로부터 몇 년 후 큰스님이 돌아가신 날 가야산을 찾은 수십만 추모 인파를 보면서 많은 사람들이 깨달았다. 큰스님은 산중에 앉아서도 넓은 세상을 비추었다고.

만물을 부처님같이

　1981년 성철 스님이 종정이 되고 첫 '부처님 오신 날'을 맞았다. 종정이란 불교계에서 가장 큰 어른을 말한다. 종정 스님이 되셨으니 '부처님 오신 날'을 맞아 국민들에게 법어를 내려주셔야 했다. 골이 깊은 가야산은 아침 안개를 가득 머금고 진달래 꽃망울을 활짝 틔우고 있었다.

　성철 스님은 첫 법어에 자신이 가장 중요하게 여기는 것을 담아서 '생명의 참모습'이란 제목으로 1981년 초파일, 가야산 아침 하늘처럼 맑은 눈과 진달래꽃처럼 불그레한 얼굴로 미소 지으며 온 국민에게 들려주었다

모든 생명을 부처님과 같이 존경합시다. 만법의 참모습은 둥근 햇빛보다 더 밝고 푸른 허공보다 더 깨끗하여 항상 때묻지 않습니다. 악하다 천하다 함은 겉보기뿐, 그 참모습은 거룩한 부처님과 추호도 다름이 없어서, 일체가 장엄하고 일체가 숭고합니다. 그러므로 천하게 보이는 파리, 개미나 악하게 날뛰는 이리, 호랑이를 부처님과 같이 존경하여야 하거늘, 하물며 같은 무리인 사람들끼리는 더 말할 것도 없습니다. 살인, 강도 등 극악 죄인을 부처님과 같이 공경할 때 비로소 생명의 참모습을 알고 참다운 생활을 하는 것입니다. 이리하여 광대한 우주를 두루 보아도 부처님 존재 아님이 없으며, 부처님 나라 아님이 없어서, 모든 불행은 자취도 찾아볼 수 없고 오직 영원한 행복이 있을 뿐입니다.

우리 서로 모든 생명을 부처님과 같이 존경합시다.

불교에서 말하는 자비심을 성철 스님이 쉽게 풀어 설법한 것이다.

성철 스님은 1967년부터 1993년 열반하실 때까지 해인 총림의 방장으로 계시면서 승려들의 집중 수련 기간인 안거 때면 보름마다 해인사 대적광전에서 사부대중을 위해 설법하셨다. 성철 스님의 제자들은 그중 일부를 일반 신도들을 위한 책으로 펴냈다.

부처님같이 존경하라

저 원수를 보되
부모와 같이 섬겨라

이것은 원각경에 있는 말입니다. 불교에 들어오는 첫째 지침은 '모든 중생을 부처님과 같이 공경하고 스승과 같이 섬겨라' 입니다. 우리 불교를 행하는 사람은 누구든지 착한 사람, 나쁜 사람은 물론 소나 돼지나 짐승까지도 근본자성은 성불하신 부처님과 조금도 다르지 않다는 것을 알고 부처님과 같이 존경해야 합니다.

그러니까 우리 불교 믿는 사람은 상대방이 떨어진 옷을 입었는지 좋은 옷을 입었는지 그것은 보지 말고 '사람' 만 보자는 말입니다. 옛날에 이런 이야기가 있습니다.

나라에 큰 잔치가 있어서 전국의 큰스님네들이 모두 초청되었다. 그때 평소 검소한 생활을 하던 어떤 스님 한 분이 본시의 생활 그대로 낡은 옷에 떨어진 신발을 신고 대궐 문을 지나려고 했다. 그런데 문지기가 못 들어가게 내쫓았다. 그래서 다시 좋은 옷으로 갈아입고 오니 문지기가 굽신거리면서 좋은 자리로 모셨다. 다른 스님들은 잘 차려진 음식들을 맛있게 먹는데 이 스님은 자꾸 음식을 옷에 들이 붓는 게 아닌가. 옆자리의 스님이 물었다.

"스님, 왜 이러십니까? 왜 음식을 옷에다 붓습니까?"

"이 음식들은 나를 보고 준 게 아니라 옷을 보고 준 것이니 옷이 음식을 먹는 게 마땅한 일 아닙니까?"

이 얼마나 좋은 비유입니까. 허름한 옷 입고는 올 때는 들어오지도 못하게 하더니 좋은 옷 입고 오니 이렇게 대접하는 것입니다. 겉모습만 보고 사는 사람은 다 이렇습니다.

베푼 은혜 천지보다 깊어도
그걸 배반하고 깊은 원수 맺는다
부처님은 그 원수를 가장 큰 은혜로 본다

어떤 사람을 부모보다, 부처님보다 더 섬기고 받들고 하는데, 그 사람은 나를 가장 큰 원수로 여기고 자꾸 해롭게 합니다. 이럴 때 상대가 나를 해롭게 하면 할수록 그만큼 상대를 더 섬긴다는 말입니다.

상대가 나를 해롭게 하면 할수록 더욱더 상대를 받들고 섬긴다는 말입니다. 이것이 부처님의 근본사상이고 불교의 근본입니다.

언젠가 예수교 믿는 사람 몇이 삼천 배 절하러 왔기에 이렇게 말했습니다.

"절을 할 때 그냥 하지 말고, 하나님 제일 반대하고 예수님 제일 욕하는 그 사람이 제일 먼저 천당에 가도록 기원하면서 절하시오."

그랬더니 참 좋겠다고 하면서 절 삼천 배를 다했습니다.

이것을 바꾸어 생각해 보십시오.

"우리 부처님 제일 욕하고 스님네 제일 공격하는 그 사람이 극락세계에 제일 먼저 가도록 축원하고 절합시다."

부처님께서도 그렇게 말씀하셨습니다. 원수를 부모와 같이 섬기게 되면 모든 마음의 병이 다 없어진다고 말입니다. 모든 사람들의 마음 속 병이 다 없어지면, 그것이 바로 부처입니다.

옷은 아무리 떨어졌어도 사람은 성한 사람입니다. 그러니 귀한 이나, 천한 이나, 늙은이나, 어린이나 전부 다 부처님같이 섬기고, 극히 중한 죄를 지은 죄인까지도 받들어 모셔야 합니다. 동시에 나를 가장 해롭게 하는 사람을 부모같이 섬겨야 한다는 말입니다.

이것이 있으므로 저것이 있다

이것이 있으므로 저것이 있고 이것이 생기므로 저것이 생긴다.

이것이 없으므로 저것이 없고 이것이 죽으므로 저것이 죽는다.

이는 두 막대기가 서로 버티고 섰다가

이쪽이 넘어지면 저쪽이 넘어지는 것과 같다.

일체 만물은 서로서로 의지하여 살고 있어서, 하나도 서로 관련되지 않은 것이 없다는 이 깊은 진리는 부처님께서 크게 외치는 연기(緣起: 인연이 되어 결과가 일어남)의 법칙이니 만물은 원래부터 한 뿌리이기 때문입니다. 그리하여 이쪽을 해치면 저쪽은 따라서 손해를 보고, 저쪽을 도우면 이쪽도 따라서 이익을 받습니다.

남을 해치면 내가 죽고, 남을 도우면 내가 사는 것은 당연한 일입니다.

이러한 우주의 근본 진리를 알면 남을 해치려고 해도 해칠 수가 없습니다.

이 진리를 모르고 자기만 살겠다고 남을 해치며 날뛰는 무리들이여!

참으로 내가 살고 싶거든 남을 도웁시다. 내가 사는 길은 오직 남을 돕는 길밖에 없습니다.

아무리 상반된 처지에 있더라도 생존을 위해서는 침해와 투쟁을 버리고 서로 도와야 합니다. 물과 불은 상극된 물체지만, 물과 불을 함께 조화롭게 이용하는 데서 우리 생활의 기반이 서게 됩니다. 동생동사(同生同死:함께 살고 함께 죽음), 동고동락(同苦同樂:고통과 즐거움을 함께 함)의 큰 진리를 하루빨리 깨달아서 모두가 침해의 무기를 버리고, 우리의 모든 힘을 상호협조해서 서로 손을 맞잡고 서로 도우며 힘차게 전진하되 나를 가장 해치는 상대를 제일 먼저 도웁시다. 그러면 평화와 자유로 장엄한 이 낙원에 영원한 행복의 물결이 넘쳐흐를 것입니다.

화창한 봄날 푸른 잔디에
황금빛 꽃사슴 낮잠을 자네.

중도법문(中道法門)

부처님의 가르침은 팔만대장경이라는 방대한 경전에 담겨 있다. 그러나 일반인들이 그 많은 책을 다 읽기는 힘들고 읽는다 해도 불교의 원리가 너무 어렵다고 한다. 그래서 성철 스님은 부처님 가르침의 핵심인 중도사상을 알기 쉽게 예를 들어 설명하셨다. 중도 사상이란 '생기지도 없어지지도 않는다.'는 것이다.

세상 만물이 새로 생기지도 않고 없어지지도 않는다니, 그러면 태어나는 것은 무엇이고 죽는 것은 무엇이냐, 하고 의문이 생길 것이다. 성철 스님은 그 의문을 풀어 주었다.

"부처님은 성불한 뒤 곧바로 수행 중인 다섯 비구승을 찾아가 '내가 중도를 바로 깨쳤다'고 말씀했습니다. 이는 중도가 불교의 근본임을 말한 것입니다. 중도는 모순이 융합되는 것입니다. 선과 악은 대립되어 있는데 불교의 중도법에 의하면 선과 악을 떠나게 됩니다. 선도 아니고 악도 아닌 그 중간이란 말이 아니라, 선과 악이 서로 통해 버리는 것입니다. 선이 즉 악이고 악이 즉 선으로 모든 것이 서로 통합니다. 서로 통한다는 것은 유형이 즉 무형이고 무형이 즉 유형이란 말입니다. 그래서 중도법문이라는 것은 일체 만물, 일체 만법이 서로서로 융화하는 것을 말합니다.

중도는 중간이 아닙니다. 중도는 삶과 죽음이 서로 융화하여 삶이 곧 죽음이고 죽음이 곧 삶이 되어 버리는 것을 말합니다."

사람들이 너무 어려워서 이해하지 못하면 더욱 쉽게 설명했다.

"이것을 물과 얼음에 비유하면 아주 쉽습니다. 물이 얼어서 얼음이 되었다고 물이 얼음이 되었다고 물이 없어졌습니까? 물이 얼어서 얼음으로 나타났을 뿐 물은 없어지지 않습니다. 결국 물이 얼음으로 나타났다 얼음이 물로 나타났다 할 뿐이고, 그 내용을 보면 얼음이 물이고, 물이 즉 얼음입니다."

여기에서 성철 스님은 아인슈타인의 등가원리 공식을 예로 들어 설명했다. 등가원리는 에너지가 곧 질량이라는 것이다.

"에너지와 질량의 관계도 이와 똑같습니다. 에너지가 질량으로 나타나고 질량이 에너지로 나타날 뿐, 그 둘이 따로 있는 것이 아닙니다. 물과 얼음이 서로 다르게 나타날 때에 물이 없어지고〔滅〕 얼음이 새로 생긴 것〔生〕이 아닙니다. 모양만 바뀌어서 물이 얼음이 되었을 뿐입니다. 그러니 언제나 불생불멸(不生不滅) 그대로입니다. 핵이라는 질량을 에너지로 바꾸는 실험이 성공하여 원자폭탄과 수소폭탄을 만들었습니다. 핵분열은 바로 질량을 에너지로 바꾸는 것입니다. 이와 같이 모든 것은 언제나 생기지도 않고 없어지지도 않습니다."

그러면 이 많은 세상 사람들이 죽고 또 새로 태어나는데 만약 죽지 않는다면 그 많은 영혼들은 다 어디로 간단 말인가. 그 많은 영혼들은 새로운 모습으로 나타나는데 그것이 바로 '윤회'라는 것이라고 성철 스님은 말한다.

사람이 죽으면 그 업에 따라 초목이 되기도 하고, 다시 사람으로 태어나기도 하며, 짐승으로 태어날 수도 있고, 미물로 나타날 수도 있다는 것이 윤회사상이다.

이러한 우주의 원리, 세상의 원리인 부처님의 가르침을 깨닫는 것이 곧 성철 스님이 그토록 강조했던 '마음의 눈을 뜨는 것'이다.

탐욕을 버리시오

'마음이 눈을 떠야 합니다.'

마음의 눈을 뜨려면 우리 마음의 눈을 가리고 있는 것이 무엇인지 알아야 합니다. 불교에서는 그것을 탐(貪), 진(瞋), 치(癡) 즉, 욕심내고 성내며 어리석은 그것을 삼독(三毒)이라고 합니다. 이 삼독이 마음의 눈을 가려서 본래 부처인 것을 중생이라 하며, 본래 불국토인 여기를 사바세계니, 지옥이니 하는 것입니다.

그 삼독 중 가장 빨리 없애야 할 것이 탐욕입니다. 탐내는 마음이 근본이 되어서 성내는 마음도 생기고 어리석은 마음도 생기는 것입니다.

그러면 탐욕은 어떻게 해서 생겼는가? '나'라는 것 때문에 생겼습니다. 남이야 죽든 말든 알 턱이 있나, 어떻게든 나만 좀 잘 살자, 하는 데에서 모든 욕심이 생기는 것입니다. '나'라는 것이 중심이 되어 남을 자꾸 해치게 되는 것입니다. 그렇게 되면 마음의 눈은 영영 어두워집니다. 캄캄하게 자꾸 더 어두워집니다.

그런 욕심을 버리고 마음 눈을 밝히려면 어떻게 해야 하는가? '나'라는 욕심을 버리고 '남'을 위해 사는 것입니다. 남을 위해서! 모든 행동의 기준을 남을 위해 사는 데에 둡니다. 남 돕는 데에 기준을 둔다는 말입니다. 그러면 자연히 삼독이 녹는 동시에 마음의 눈이 밝아집니다. 그리하여 탐, 진, 치 삼독이 완전히 다 녹아버리면 저 밝은 광명을 환히 볼 수 있고, 과거로부터 내가 부처라는 것을 알 수 있는 동시에 이 세계가 불국토 아닌 곳이 없음을 알 수 있습니다.

누가 "어떤 것이 불교냐?" 하고 물으면 나는 이렇게 답합니다.

"세상과 거꾸로 사는 것이 불교다."

세상은 전부 내가 중심이 되어서 나를 위해 남을 해치려고 하는 것이지만, 불교는 '나'라는 것을 완전히 내버리고 남을 위해서만 사는 것입니다. 그러니 세상과는 거꾸로 사는 것이 불교입니다.

아주 먼 옛날 부처님께서는 배고픈 호랑이에게 몸을 잡아먹히셨습니다. 몸뚱이까지 잡아먹히셨으니 말할 것도 없을 정도입니다. 이것은 무엇이냐 하면 배고픈 호랑이를 위한 것도 있지만 그 내용에는 큰 욕심, 큰 욕심이 있는 것입니다. 물거품 같은 몸뚱이 하나를 턱 버리면 그와 동시에 시방법계 큰 불국토에서 미래겁이 다하도록 자유자재한 해탈(解脫:번뇌의 속박을 벗어나 자유로운 경계에 이르는 것)을 성취할 수 있는 것입니다.

부처님께서 출가하신 것도 그런 것입니다. 나중에 크면 임금이 될 것이지만 이것도 가져 봐야 별것 아닙니다. 서 푼어치의 값도 안 되는 줄 알고 왕위도 헌신짝같이 차버리고 만 것 아닙니까?

부처님처럼 왕위를 버린 사람은 또 있습니다. 옛날 중국에 순치황제는 만주에 나와서 수 년 동안 전쟁을 하여 대청제국을 건설하였습니다. 중국 본토 외에도 남북만주, 내외몽골, 티베트, 인도차이나에 이르는 대제국을 건설한 것입니다. 그래 놓고 가만히 생각해 보니 참으로 마음의 눈을 떠서 미래겁이 다하도록 해탈을 성취하는 것에 비하면, 이것은 아이들 장난도 아니고 10원짜리 가치도 안 되는 것을 알게 된 것입니다. 그래서 순치황제는 대청제국을 헌신짝처럼 내던지고 도망을 가버렸습니다.

그리고 금산사라는 절에 갔는데, 그곳에서 대단히 높은 사람이 된 것도 아니고 산에 가서 나무하고 아궁이에 불이나 때는 허드렛일을 하는 사람이 되었습니다. 대청제국을 건설한 순치황제 같은 사람이 절에 가서 공부하기 위해 나무해 주고 스님네 방에 불이나 때주고, 이렇게 되면 그 사람은 해탈을 안 할래야 안 할 수가 없습니다.

순치황제가 출가할 때 "나는 본시 서방의 걸식하며 수도하는 수도승이었는데, 어찌하여 만승천자로 타락하였는고?" 하고 탄식하였습니다. 만승천자의 부귀영화를 가장 큰 타락으로 보고 그 보위를 헌신짝같이 차버린 것입니다.

이것은 보통사람으로서는 생각조차 어려운 것입니다. 거대한 제국을 이루기도 어렵거니와 그것을 단번에 내던질 수 있다는 것은 마음의 눈을 뜨지 않으면 절대 이룰 수 없는 경지입니다.

11. 성철 스님이 남긴 것

흰 구름과 푸른 산

1993년 11월 4일 올려다보면 흰 구름이요, 건너다보면 푸른 산뿐인 가야산 골짜기에서 성철 스님은 열반에 드셨다.

평생을 누리고 산 것이라곤 흰 구름과 푸른 산, 누더기 한 벌, 그리고 어린아이처럼 맑은 미소와 불그레한 뺨.

세상에서 가장 소박하지만 가장 큰 행복을 누리신 분이 세상을 떠나고 범종각의 범종은 108번을 울었다. 범종을 치는 스님도 울고 둘러선 사람들도 눈물을 흘렸다. 그 눈물 사이로 성철 스님이 마지막 남긴 시가 떠올랐다.

일생 동안 남녀의 무리를 속여서

하늘 넘치는 죄업은 수미산을 지나친다

산 채로 무간지옥에 떨어져서 그 한이 만 갈래나 되는데

둥근 한 수레바퀴 붉음을 내뿜으며 푸른 산에 걸렸도다

"내가 수행자로서 평생을 살았는데 사람들은 내게서 자꾸 무엇을 얻으려고 하고 있다. 실은 자기 속에 영원한 생명과 무한한 능력을 갖추고 있으면서 그것을 개발하려고 노력하지 않고 나만 쳐다보고 사니 내가 중생들을 속인 꼴이다.

그러니 나를 쳐다보지 말고, 밖에서 진리를 찾지 말고 자기를 바로 보아라. 각자가 가지고 있는 영원한 생명과 무한한 능력을 스스로 개발해 쓰도록 하라."

성철 스님을 의지하고 한마디라도 더 들으려는 중생들에게 참으로 도움이 될 이익을 깨우치게 하지 못하고 떠나니 섭섭하기 짝이 없다는 뜻이 담긴 시이다.

성철 스님이 돌아가시고 며칠 뒤, 제자 스님들은 큰스님이 남기신 물건들을 사람들에게 공개했다.

30년 입은 누더기 한 벌, 30년 사용한 지팡이, 20년 쓴 삿갓 하나, 다 닳은 검정고무신, 낡은 겨울 덧버선, 양말 한 켤레, 20년이 넘은

안경, 반도막 색연필 하나, 볼펜 한 자루, 200자 원고지, 수십 년 된 종이 양면에 불경을 해설해 놓은 것, 안거증, 승려증, 그리고 책 6,000권.

82년을 산 한 사람의 유품으로는 참으로 소박한 것이었다. 검소한 삶의 모습을 한눈에 알 수 있는 물건들이어서 사람들을 더욱 성철 스님을 존경하게 되었다.

성철 스님은 세상 모든 이들이 욕심 없이 흰 구름과 푸른 산을 영원 토록 누리길 바라셨다.

빛을 뿜다

성철 스님이 열반에 든 지 1년이 되었을 때였다. 제자 스님들은 1주기 추모식을 어떻게 해야 할지 궁리를 하였다. 이름난 큰스님들의 추모식일수록 그 법력을 높이 평가해 후학들은 가신 분을 위해서 해드릴 것이 없으니 대체로 죽비 삼 배로 간단히 마치곤 했다. 성철 스님의 시자승들은 '성철 스님 1주기도 그렇게 해야 되는데.' 하면서도 허전한 마음을 달랠 길이 없어 머리를 맞대고 상의한 결과 생전에 성철 스님 으로부터 들은 이야기를 떠올렸다.

"내가 평생 이 절 저 절 다녀 보았지만, 수덕사 있을 때 만공 스님의 지도하에 온 산중의 대중이 하루 24시간 끊이지 않고 일주일 동안 기도를 했던 게 가장 신심이 나더라."

그 말을 생각해 낸 시자승들은 성철 스님 1주기 행사로 일주일 동안 쉬지 않고 일천 배씩 교대로 절을 하는 '추모 칠일칠야법회'를 열었다.

하루 24시간을 두 시간대로 나누니 열두 번이어서 하루 절하는 양이 일만이천 배이고 그것을 일주일 하니 팔만 사천 배가 되었다. 팔만 사천 번뇌(중생의 번뇌에 팔만 사천이 있다는 것)라 하였는데 마침 일주일 절하는 양이 팔만사천 배이니 팔만사천 번뇌를 참회하고 없애는 법회가 되었다. 전국에서 많은 신도가 '추모 칠일칠야법회'에 참석하였다.

이 기도 기간에 또다시 백련암과 백련암 뒷산, 또 큰절 퇴설당과 장경각 판전 근처에서 시차를 두고 방광이 일어났다. 그것을 목격한 신도들과 스님들은 '칠일칠야 팔만 사천 배 참회법회를 열지 않았으면 큰스님의 이런 법력을 어떻게 볼 수 있겠는가? 우리 기도에 감응하시어 가신 큰스님의 법력을 다시 볼 수 있는 것이 아닌가?' 하는 생각에 기뻐하고 또 감사했다.

칠일칠야 참회법회는 성철 스님을 추모하는 행사일 뿐 아니라 스님을 따랐던 모든 대중이 과연 그 가르침대로 살아가고 있는가에 대해 반성하고 또 그렇게 살아갈 것을 다짐하는 법회였다. 사람들의 가슴에 깊이 남은 성철 스님의 가르침, 그것은 이렇게 기도하는 것이다.

"일체 중생이 행복하게 해주십시오."

참고문헌

《자기를 바로 봅시다》 1, 2 – 성철 수님 著, 장경각
《성철 스님 시봉이야기》 – 원택 스님 著, 김영사
《스님, 성철 큰스님》 – 장경각 미디어
《천진한 부처 성철 스님》 – 공광규 著, 북앤피플
《백일법문》 – 성철 스님 著, 장경각
《불교사전》 – 용하 스님 著, 동국역경원

1912년 경남 산청군 단성면 묵곡리에서 아버지 이상언 님, 어머니
강상봉 님의 장남으로 출생.

1935년 지리산 대원사로 영원의 문제를 풀기 위한 구도의 길을 떠
남. 42일 만에 동정일여(動靜一如)의 경지에 오름.

1936년 해인사(海印寺)로 출가.

1947년 봉암사에서 "부처님 법 답게 살자"는 기치 아래 결사(結社)
하여 청담, 자운, 월산, 혜암, 성수, 법전스님 등과 수행.

1951년 신도들에게 3천배를 하게 함.

1954년 종단의 정화(淨化)가 시작됨.

1955년 해인사 초대 주지로 임명되었으나 취임하지 않음.

1966년 육조단경, 금강경, 증도가 및 중도 이론을 대중들에게 최초로 설법함.

1967년 경남 해인사로 와서 백련암(白蓮庵)에 주석함.

해인총림의 초대 방장으로 취임, 동안거 기간 중에 백일법문(百日法門)을 함.

1967~1993년 11월 4일 열반하기까지 해인총림 방장으로 퇴설당과 백련암에 주석함.

1981년 1월 20일 대한불교조계종 제7대 종정으로 취임. '산은 산 물은 물' 이라는 법어로 큰 화제를 불러일으킴.

1991년 대한불교조계종 제8대 종정 재추대.

1993년 '선종사에서 돈오돈수 사상의 위상과 의미' 개최.

11월 4일 오전 7시 30분 해인사 퇴설당에서 입적.

11월 10일 영결식 및 다비식 봉행, 11월 12일 100여 과에 이르는 사리 수습.

청소년 토지

박경리 원작 대하소설 토지문학연구회 엮음 | 전12권 | 각권 8,000원

"나는 항상 청소년들이 토지를 읽어주기를 열망해 왔습니다."

청소년 여러분들에게는 잊어야 할 그때 그 시절, 잊지 말아야 하는 그때 그 기억은 없을 것입니다. 그러나 단순히 그 시절을 전하기 위해, 일깨우기 위해 이 글을 쓰는 것은 아닙니다. 인류와 이 세상에 생을 받아 나온 모든 생명들의 삶의 부조리, 그것에 대응하여 살아남는 모습, 존재의 본질적 추구를 같이 생각해 보자는 것입니다.

―청소년에게 드리는 말씀 중에서

누구나 쉽게 읽고 감동할 수 있는 전 국민의 필독서!!

《청소년 토지》는 방대한 양과 수많은 등장인물, 복잡하게 얽혀 있는 사건들로 인해 청소년뿐만 아니라 일반 독자들이 읽기에는 다소 부담스러웠던 원작을 저자 박경리 선생과 《토지》 연구위원들의 철저한 검증을 통해 전체적 흐름이나 사상, 호흡과 느낌을 최대한 살리면서 새롭게 만들었다. 아울러 원작의 느낌을 보다 더 풍부하고 생동감 있게 살리기 위해 동양화가 김옥재 선생의 삽화를 곁들였다. 또한 각권 말미에는 역사적 배경이 되는 사건과 주요 등장인물에 대해 정리하여 전체적인 이해를 돕고 있다.

세기를 넘어서는 우리 시대 최고의 문학 작품!!

《청소년 토지》는 제5부 전 12권으로 구성되어 있다. 경남 하동의 평사리를 무대로 5대째 대지주로 군림하고 있는 최 참판댁과 그 소작인들의 이야기를 다룬 제1부에 이어 제2부에서는 간도에 정착한 최서희 일행의 행적을 다루고 있다. 제3부에서는 1919년 이후 3·1운동의 후유증에 시달리는 지식인들의 갈등과 혼란상, 제4부에서는 조선과 일본의 역사와 문화, 사상, 민족성 등에 대한 깊은 통찰이 전편에 흐른다. 마지막 제5부에서는 억압을 견뎌내는 우리 민족의 삶이 다양하게 펼쳐지면서 해방을 기점으로 대단원의 막을 내린다.